KB107757

신주 사마천 사기 10

삼대세표
십이제후연표

이 책은 롯데장학재단의 지원을 받아 번역, 출간되었습니다.

신주 사마천 사기 10 / 삼대세표·십이제후연표

초판 1쇄 인쇄 2021년 4월 15일
초판 1쇄 발행 2021년 4월 30일

지은이 (본문) 사마천
          (삼가주석) 배인·사마정·장수절
번역 및 신주 한가람역사문화연구소 사기연구실

펴낸이 이덕일
펴낸곳 한가람역사문화연구소

등록번호 제2019-000147호
주소 서울특별시 종로구 김상옥로17 대호빌딩 신관 305호
전화 02) 711-1379
팩스 02) 704-1390
이메일 hgr4012@naver.com

ISBN 979-11-90777-17-9 94910

ⓒ 한가람역사문화연구소 사기연구실, 2021
이 책은 저작권법에 따라 보호받는 저작물이므로 무단 전재와 복제를 금합니다.
이 책 내용의 전부 또는 일부를 이용하려면 반드시 저작권자와 한가람역사문화연구소의
서면동의를 받아야 합니다.

값은 뒤표지에 있습니다.

세계 최초
삼가주석
완역

신주 사마천 사기

⑩

삼대세표
십이제후연표

지은이
본문_ 사마천
삼가주석_ 배인·사마정·장수절
번역 및 신주
한가람역사문화연구소 사기연구실

한가람역사문화연구소

차
례

新註史記

사기 제14권 史記卷十四

십이제후연표 十二諸侯年表

원 사료는 중화서국中華書局 발행의 《사기》와 영인본 《백납본사기百衲本史記》를 기본으로 삼고, 인터넷 사료로는 대만 중앙연구원 역사어언연구소歷史語言研究所에서 제공하는 한적전자문헌자료고漢籍電子文獻資料庫의 《사기》를 참조했다.

일러두기

❶ 표의 구조는 사마천의 원래 표를 그대로 재현하기는 어려워 최대한 그 의도를 반영하여 구현했다.

❷ 한글 번역문 아래 한문 원문을 실어 쉽게 대조할 수 있게 했다.

❸ 신주를 실어 우리 연구진의 새로운 해석을 달았다.

❹ 신주는 《사기》 본기, 세가, 열전은 물론 《한서》 〈표〉와 《사기지의》, 《고본죽서기년》 등을 참고했다.

❺ 사기 분문뿐만 아니라 삼가주석도 필요할 경우 신주를 달았다.

❻ 직역을 원칙으로 삼고 의역은 최대한 피했다.

《사기》〈표〉에 관하여

《사기史記》〈표表〉는 역사가로서 사마천의 독창적인 발상이 높게 평가되어 왔다. 모두 10편으로 〈삼대세표三代世表〉, 〈십이제후연표十二諸侯年表〉, 〈육국연표六國年表〉, 〈진초지제월표秦楚之際月表〉, 〈한흥이래제후왕연표漢興以來諸侯王年表〉, 〈고조공신후자연표高祖功臣侯者年表〉, 〈혜경간후자연표惠景間侯者年表〉, 〈건원이래후자연표建元已來侯者年表〉, 〈건원이래왕자후자연표建元已來王子侯者年表〉, 〈한흥이래장상명신연표漢興以來將相名臣年表〉가 그것이며 '10표'라고도 한다.

10표를 분류하면 크게 둘로 나눌 수 있다. 하나는 사건을 위주로 분류한 사건 연표이고, 다른 하나는 인물 연표이다. 사마천이 중국사의 시조라고 설정한 황제부터 하夏·은殷·주周 삼대를 거쳐 춘추·전국시대 및 진秦과 한漢 나라에서 있었던 중요 사건과 인물을 수록했다.

《사기》의 마지막 130권은 지은이의 말이라고 할 수 있는 '태사공자서'이다. 이 글에서 사마천은 자신이 사기 각 편을 지은 이유에 대해 간략하게 서술했다. "시대를 함께해도 세대가 다르므로 연차年差가 분명하지 않아서 '10표十表'를 지었다."

10표에는 오제를 필두로 여러 나라에서 있었던 주요 사건과 인물의 즉위, 폐위, 전쟁, 사망 등에 관한 연대가 담겼다. 이런 표가 존재하지 않았던 시대에 사마천이 이를 작성하면서 가장 고심했던 것은 아마도 무엇을 기준으로 삼느냐 하는 것이었을 것이다.

한나라가 수립된 이후에는 한나라를 중심으로 하면 되지만 수많은 나라가 병립하고 있던 시대에는 어느 나라를 기준으로 표를 작성하느냐가 문제였다. 주나라는 명목만 남아 있을 뿐 여러 봉건제국이 중원을 나누어 실질적으로 통치하고 있던 시대를 어느 기준으로 볼 것인가의 문제였다. 사마천이 〈삼대세표〉 다음의 〈십이제후연표〉와 〈육국연표〉를 작성할 때 기준으로 삼은 것은 주周나라의 연호였다. 그다음으로 비록 강대국은 아니었지만 노魯나라의 연대기를 중시했다.

여기에는 두 가지 이유가 있는 것으로 보인다. 하나는 제후가 아니었음에도 사마천이 반열을 높였던 공자가 주나라를 정통으로 삼았다는 것에서 시사 받았을 것이다. 또한 진秦이 중원을 제패한 후 수많은 역사사료를 훼손한 바람에 공자가 편찬한 《춘추》 및 그 주석서들인 《춘추좌전》·《춘추공양전》·《춘추곡량전》 등의 연대를 참고할 수밖에 없었을 것이다. 《춘추》는 공자의 고국이었던 노魯나라 연대를 중심으로 서술했으므로 사마천도 노나라 연대기를 중요시하지 않을 수 없었을 것이다.

사마천이 《춘추》에서 많은 시사를 받았다고 해서 《춘추》의 체제를 그대로 따른 것은 아니다. 공자의 《춘추》와 그 주석서들은 노나라의 연대기를 기준으로 다른 나라의 사건들을 기록하면서 다른 나라들에 대해서는 어느 정도 축소하거나 생략할 수밖에 없었다. 사마천은 주나라의 연호를 기준으로 삼되 노나라 연대기로 보완함으로써 다른 나라들에 관한 사항도 빠뜨리지 않을 수 있었다.

10표 중에는 연표가 아닌 월표月表도 있는데, 〈진초지제월표〉가 그것이다. 중원을 통일한 진나라가 서기전 209년 초나라 진섭陳涉의 봉기에 의해서 무너지기 시작해서 초나라 항우가 일어섰다가 서기전 202년 한나라 유방의 승리로 끝나는 7년간의 사건과 인물에 대해서 연표가 아닌 월표를 작성한 것이다. 시기는 짧지만 수많은 사람과 인물이 명멸한 시기를 월별로 일목요연하게 만들었다.

〈한흥이래고조공신연표〉는 서기전 206년, 한 고조 원년을 기준으로 삼아서 서술했고, 이후 〈혜경간후자연표〉나 〈건원이래후자연표〉 등은 분봉 받은 봉국의 이름을 가장 먼저 기재하고 그 아래에 연대순으로 봉국을 계승한 사람들의 이름과 봉국에 관련된 사건들을 적고 있다. 이런 방식으로 수많은 사건과 수많은 사람을 기록하면서도 통일성을 유지할 수 있었다.

〈표〉의 의미와 가치에 대해서는 《이십이사차기二十二史箚記》의 저자 청나라의 조익趙翼(1727~1814)이 잘 평가했다.

"《사기》에서 10표를 지은 것은 주나라 보첩에서 비롯했는데, 본기·열전과 서로 넣고 뺀 것이 있다. 무릇 열후·장상·삼공·구경 중에서 그 공적과 이름이 드러난 자는 이미 그를 위해 열전을 만들었지만, 그밖에 대신으로 허물도 없고 공적도 없는 자를 열전을 만들자니 다 만들 수도 없고, 그렇다고 완전히 없애서도 안 되어 곧 표에다 그것을 기록했다. 사서를 짓는 체재로 이보다 큰 것이 없다."

오제五帝부터 한나라 때까지 수많은 인물들 중에서 열전을 따로 서술할만큼 중요한 인물은 아니지만 무시할 수도 없는 수많은 인물들을 〈표〉라는 형식에 압축해서 수록했다는 것이다.

그런데 《사기》〈표〉에 기록된 일시와 《사기》의 다른 편에 기록된 일시가 서로 다른 경우가 있다. 이를 사마천의 오류로 보는 시각도 있지만 사마천이 원 자료에 따라 〈본기〉, 〈세가〉, 〈열전〉 등을 작성하고 〈표〉는 자신이 따로 연구한 사실을 기록했을 가능성도 있으므로 어느 것이 옳은지 쉽게 단정할 수 없다.

《사기》〈표〉에는 수많은 인물과 사건이 서술되어 있으므로 선뜻 이해하기가 쉽지 않다. 〈표〉를 이해하기 위해서는 《사기》의 다른 분야, 즉 〈본기〉·〈세가〉·〈열전〉에 대해 어느 정도 알고 있어야 한다. 아무리 《사기》에 밝은 사람이라도 헷갈릴 수밖에 없는 많은 인물과 사건을 일목요연하게 정리한 이 〈표〉를 보고 찬탄하지 않을 사람은 없을 것이다. 필자들이 〈표〉를 번역하면서 느낀 공통적인 심정은 이를 작성한 사마천의 고심과 노고는 비단 역사나 고전 분야를 떠나 공부하는 모든 사람이 본받아야 할 모범임에 틀림없다는 사실이다. 수많은 인물과 사건을 서로 모순되지 않게 통일성을 유지하며 서술하는 것은 쉽지 않은 일이기 때문이다.

〈십이제후연표〉나 〈육국연표〉를 세로나 가로로 읽으면 각국에서 발생한 일들을 한눈에 알 수 있으면서 같은 해에 각국에서 발생했던 사건들에 대해서도 한눈에 알 수 있다. 여기에 삼가주석이 적절하게 주석을 달고 있으므로 《사기》의 다른 분야에 대한 이해가 선행된다면 이 〈표〉만 봐도 《사기》 전체를 본 효과를 얻을 수 있을 것이다.

〈한흥이래장상명신연표〉를 보면 한나라가 일어선 이후 발생한 각종 전쟁을 한눈에 알 수 있다. 이를 통해 한나라는 서기전 112년에 남월南越과 싸웠고, 서기전 111년에는 동월東越과 싸웠고, 서기전 109년에는 (고)조선朝鮮과 싸웠다는 사실을 알 수 있다. 이 전쟁에 대해서 사마천은 "모두 남월을 패배시켰다[皆破南越]", "모두 동월을 패배시켰다[皆破東越]"라고 썼지만 조선에 대해서는 "조선을 공격했다[擊朝鮮]"라고만 써서 그 승패를 기록하지 않았다.

또한 〈건원이래후자연표〉를 보면 조선과 전쟁하는 과정에서 항복한 조선 출신 장상들이 모두 제후로 봉해진 반면 조선과 전쟁에 나섰던 한나라 장수들은 아무도 제후로 봉해지지 않았다는 사실을 알 수 있다. 이는 사마천이 〈조선열전〉 마지막의 '태사공은 말한다'에서 조선과 전쟁에 나섰던 "양군兩軍이 모두 욕을 당하고 아무도 제후로 봉함을 받지 못했다."고 평한 사실과 연관성이 있다. 조한전쟁朝漢戰爭의 결과에 대한 사마천의 인식의 일단을 여기에서도 엿볼 수 있다. 그뿐만 아니라 기幾 땅에 제후로 봉해졌던 우거왕의 아들 장각張陷이 한나라에 반기를 들다가 사형당하고 기국이 없어진 사실도 알 수 있다.

《사기》〈표〉는 사마천이 천하사의 수많은 인물과 사건을 한눈에 알아볼 수 있게 작성한 파노라마다. 다만 그 파노라마는 《사기》의 다른 분야에 대한 일정한 이해를 가진 사람만이 조망할 수 있는 세계이기도 하다.

사기 제13권 史記卷十三

삼대세표 三代世表

삼대세표 들어가기

삼대三代는 고대 유학사상에서 이상으로 삼은 하夏, 은殷, 주周 세 왕조를 뜻한다. 사마천의 〈삼대세표〉는 하나라의 개국군주인 우禹가 아니라 오제五帝의 첫 번째인 황제黃帝부터 시작했다. 삼대가 모두 황제에게서 나왔다는 인식 때문이다.

그런데 고대 중국 지식인들은 오제 이전에 삼황三皇이 있었다고 생각했다. 그러나 사마천은 삼황을 지웠다. 삼황의 첫 번째인 태호 복희씨나 염제 신농씨가 모두 동이족이었기에 한족漢族의 중국사를 만들기 위해《사기》를 저술한 사마천은 삼황을 지우고 오제를 중국사의 첫 군주로 삼았다.《사기 색은》을 편찬한 사마정司馬貞은 사마천이 삼황을 삭제한 것이 그르다고 생각해서 〈오제본기〉 앞에 〈삼황본기〉를 따로 설정한《사기》를 편찬했다. 3세기 무렵의 역사가인 황보밀皇甫謐도《제왕세기帝王世紀》에서 '개벽부터 삼황까지'를 서술하면서 태호, 신농, 황제를 삼황으로 먼저 서술하고 오제의 시작을 황제의 아들 소호少昊로 서술한 〈오제본기〉를 썼다. 그러나 이들은 사마천이 동이족의 역사가 아닌 한족의 역사를 만들기 위해서 삼황을 삭제했다는 사실은 알지 못했다.

중화인민공화국(중국)은 국가 차원의 여러 역사공정을 진행했거나 지금도 진행하고 있는데, 그중 하나가 '중화문명탐원공정中華文明探源工程 (2004~2015)'이다. 이는 삼황오제를 역사적 사실로 삼아 중국 역사의 시원 문명으로 만드는 역사공정이다. 그 이전에 '하상주단대공정夏商周斷代工程

(1996~2000)'도 진행했는데, 이는 과거 전설상의 왕조였던 하나라를 최초의 왕조로 만들어 동이족 왕조였던 상商(은) 왕조 앞에 배치하려는 목적의 역사공정이다.

중국이 여러 역사공정을 실시하는 이유는 현재 중국공산당의 통치력이 미치는 곳의 모든 역사를 중국사로 편입하려는 것이다. 동이족의 역사였던 여러 고대사를 한족漢族의 역사로 만들거나 동이족이 한족으로 편입되었다고 주장하기 위한 것이다. 중국의 '역사 만들기'가 어느 정도 성공을 거둘지는 알 수 없지만, 현재의 정치적 목적으로 과거의 역사를 바꾸려는 작업은 대부분 과거 역사 자체에 의해서 무너져온 것이 역사의 한 교훈이다.

사마천은 〈삼대세표〉에서 황제부터 전욱, 곡, 요, 순까지의 계보를 서술하고 나아가 하·은·주 삼대가 모두 황제의 후손이라는 사실을 서술했다. 그러나 사마천이 서술한 세표를 자세히 분석하면 황제를 필두로 한 오제는 물론 하·은·주의 시조가 모두 동이족이라는 사실이 드러난다. 이런 사실들은 모두 '신주'로 설명했으니 사마천의 〈삼대세표〉 본문 및 배인의 〈사기집해〉, 사마정의 〈사기색은〉, 장수절의 〈사기정의〉를 뜻하는 삼가주석과 함께 사실 여부를 확인할 수 있을 것이다. '신주'는 청나라 양옥승梁玉繩이 지은 《사기지의》와 《고본죽서기년》과 근대 방시명方詩銘의 《고본죽서기년집증古本竹書紀年輯證》을 참조했다. 또한 중국 성씨 연구가들의 연구 결과도 참조했음을 밝힌다.

사기 제13권 삼대세표 제1

史記卷十三 三代世表第一

색은 응소는 "표表는 그의 일을 기록해서 나타낸 것이다."라고 했다. 살피 건대, 《예기》에 〈표기〉 편이 있는데, 정현은 "표表는 드러내는 것이다."라고 했다. 일이 자잘해서 저술하지는 않았으나 모름지기 표로 드러낸 것을 이른 다. 그러므로 '표'라고 말했다.

應劭云 表者 錄其事而見之 案 禮有表記 而鄭玄云 表 明也 謂事微而不著 須表明 也 故言表也

정의 대代라고 말한 것은 오제는 오랜 옛날이라 전기가 조금만 드러나 있 지만, 하와 은 이래로 《상서》에 대략 연월이 있어 오제의 사적과 비교하면 쉽게 드러났으므로 삼대三代를 들어서 첫머리 표표로 삼은 것이다. 표란 드 러내는 것이다. 드러낸다는 것은 일의 거취를 말한다.

言代者 以五帝久古 傳記少見 夏殷以來 乃有尙書略有年月 比於五帝事迹易明 故舉三代爲首表 表者 明也 明言事儀

신주 사실 표는 본기·열전·세가를 종합한 것으로, 어느 것보다 중요하다. 그 의미에 대해 《이십이사차기二十二史箚記》의 저자 조익趙翼은 다음과 같이 말했다.

"《사기》에서 10표를 지은 것은 주나라 보첩에서 비롯했는데, 본기·열전과 서로 넣고 뺀 것이 있다. 무릇 열후·장상·삼공·구경 중 그 공적과 이름이 드러난 자는 이미 그를 위해 열전을 만들었지만, 그 밖에 대신으로 허물도 없고 공적도 없는 자를 열전을 만들자니 다 만들 수도 없고 그렇다고 완전히 없애서도 안 되어 곧 표에다 그것을 기록했다. 사서를 짓는 체재로 이보다 큰 것이 없다. 그러므로 《한서》도 이를 따라서 7표를 지었다. 《사기》 가운데 〈삼대세표〉, 〈십이제후연표〉, 〈육국연표〉는 모두 한나라와 관계없으니 그 나머지 제후는 모두 《사기》의 옛 표에 기초하여 무제 이후의 연혁을 보태 이은 것이다. 오직 《한서》 〈외척은택후표外戚恩澤侯表〉는 《사기》에 없던 것이며, 또 〈백관공경표百官公卿表〉를 증보한 것이 가장 두드러진다. 따로 〈고금인표古今人表〉가 있으나 이미 한나라 시대 사람이 아닌데 어찌 번거롭게 나열하였던 것인가?"

조익이 말한 〈외척은택후표〉도 사실은 《사기》의 각종 표에 나온 사람 중에 외척으로 은택을 입은 사람을 추려서 증보한 것이고, 〈백관공경표〉 역시 《사기》의 〈한흥이래장상명신연표〉를 증보한 것이라 볼 수 있다. 또 표를 통하여 본기·열전·세가의 잘못을 바로잡을 수 있고, 거꾸로 그들을 통하여 표의 잘못을 고칠 수도 있다. 그만큼 표는 역사를 한눈에 파악할 수 있는 가장 중요한 틀이다.

태사공이 말한다

태사공은 말한다.

오제와 삼대(하·은·주)의 기록①은 오래되었다.② 은나라부터 그 이전의 제후들에 관해서는 기록을 얻어 보첩譜牒을 만들 수가 없었는데,③ 주나라 이래는 자못 나타내는 것이 가능해졌다. 공자께서 역사에 기록된 글로《춘추》를 편찬했는데 (노나라 은공) 원년을 기록하며 계절과 날짜와 달을 바르게 해서 대개 자세하였다. 하지만《상서》를 편찬하는 데 이르러서는 간략하게 하여 연월이 없었다. 간혹 나타나 있는 곳도 있으나 대부분 없어진 데가 많아 기록할 수 없다. 그래서 의심스러운 것은 의심스럽다고 전했으니 아마도 신중해야 할 것이다.

太史公曰 五帝三代之記① 尙矣② 自殷以前諸侯不可得而譜③ 周以來乃頗可著 孔子因史文次春秋 紀元年 正時日月 蓋其詳哉 至於序尙書則略無年月 或頗有 然多闕 不可錄 故疑則傳疑 蓋其愼也

① 五帝三代之記오제삼대지기

색은 살펴건대, 이 표는 〈제계〉와 《세본》에 의지했다. 그 실상은 오제와 삼대를 서술하고, 편篇을 다만 〈삼대세표〉라고 이름했다. 삼대의 대계代系는 길고 멀기에 마땅히 편을 이름으로 한 것이다. 또 삼대는 모두 오제로부터 나왔다. 그러므로 삼대의 요점을 서술하면 오제가 따라서 일어나는 것이다.

案 此表依帝系及系本* 其實敍五帝三代 而篇唯名三代系表者 以三代代系長遠 宜以名篇 且三代皆出自五帝 故敍三代要從五帝而起也

신주 '계본系本'은 원래는 '세본世本'인데 당태종 이세민의 이름을 피하여 '계본系本'으로 썼다.

② 尙矣상의

색은 유씨가 말했다. "상尙은 오랜 옛날과 같다. '상의尙矣'의 문자는 원래 《대대례》에서 나왔는데, 그 글에서 '황제상의'라고 한다."

劉氏云 尙猶久古也 尙矣之文元出大戴禮 彼文云 黃帝尙矣

③ 譜보

정의 보譜는 펼치는 것이며 그 일을 차례대로 열거하는 것이다.

譜 布也 列其事也

내가 보첩[1]에 적힌 기록을 읽어 보니 황제 이래로 모든 연수年數가 있었다. 그 역대의 보첩과 오덕五德[2]으로 전하여 끝나고 시작하는 것을 조사해보니[3] 옛 문헌들이 모두 동일하지 않고 어긋나거나 차이가 있었다. 공자께서 그 연월의 순서를 논하지 않은 것이 어찌 헛되게 그리한 것이겠는가! 이에 〈오제계첩〉과 《상서》[4]로 황제 이래로 주나라 공화共和에서 끝마친 세기世紀를 모아 〈세표〉를 만들었다.

余讀諜[1]記 黃帝以來皆有年數 稽其曆譜諜終始五德[2]之傳[3] 古文咸不同 乖異 夫子之弗論次其年月 豈虛哉 於是以五帝系諜尙書[4]集世紀黃帝以來訖共和爲世表

① 諜첩

색은 諜의 발음은 '첩牒'이다. 첩이란 세대와 시호를 기록한 책이다. 아래에서 '계제역첩'이라고 이른 것이며, 역대의 보를 이른 것이다.

音牒 牒者 紀系謚之書也 下云 稽諸歷諜 謂歷代之譜

② 五德오덕

신주 오덕五德은 오행五行을 말한다. '수금화목토'의 기운이 서로 돕고 물리치며 순환하는 구조다.

③ 終始五德之傳종시오덕지전

색은 傳의 발음은 '전轉'이다. 제왕이 다른 왕으로 바뀌면, '금목수화토'의 오덕五德으로 차례를 전하여 서로 계승하고, 끝나면 다시 시작하는 것을 말한다. 그러므로 '종시오덕지전'이라고 했다.

音轉 謂帝王更王 以金木水火土之五德傳次相承 終而復始 故云終始五德之傳也

④ 五帝系諜尙書오제계첩상서

색은 살피건대,《대대례》에는 〈오제덕〉과 〈제계〉 편이 있는데, 대개 태사
공은 이 두 편의 첩과《상서》에서 취해서 모아 황제 이래를 기록해서 〈세표〉
를 만들었다.

案 大戴禮有五帝德及帝系篇 蓋太史公取此二篇之諜及尙書 集而紀黃帝以來爲
系表也

황제에서 제순까지 계보

신주 사마천의 〈삼대세표〉를 일목요연하게 표현하면 다음과 같다. 사마천의 속屬은 '계통을 잇는다'라는 개념으로 사용했다. 예를 들어 '전욱속顓頊屬'의 계보는 '황제→창의→전욱'이며, '하속夏屬'의 계보는 '황제→창의→전욱…곤→문명(우)'이다.

속 \ 제왕	속屬						
	전욱	곡	요	순	하	은	주
황제	창의 昌意	현효 玄囂	현효 玄囂	창의 昌意	창의 昌意	현효 玄囂	현효 玄囂
전욱	전욱 顓頊	교극 蟜極	교극 蟜極	전욱 顓頊 궁선 窮蟬	전욱 顓頊	교극 蟜極 고신 高辛	교극 蟜極 고신 高辛
곡		고신 高辛	고신 高辛 방훈 放勛	경강 敬康 구망 句望		리 离	후직 后稷
요			요 堯	교우 蟜牛 고수 瞽叟			부줄 不窋
순				중화 重華	곤 鯀	소명 昭明	국 鞠
우				문명 文命(우)	상토 相土	공류 公劉

위 표의 가로, 세로는 하·은·주 삼대가 모두 황제에게 그 뿌리를 둔 것으로 분석하고 있다. 위 표를 기본 계보도로 설정하고 이후의 내용을 보면 이해하기 쉬울 것이다.

1. 황제와 그 아들 현효(소호)와 창의까지

제왕세국호 帝王世國號	황제黃帝의 호는 유웅이다. 黃帝號有熊
전욱속顓頊屬	황제가 창의를 낳았다. 黃帝生昌意
곡속告屬	황제가 현효를 낳았다. 黃帝生玄囂 색은 살피건대, 송충이 말했다. "태사공은 현효나 청양이 곧 소호少昊라고 하여 황제를 이어 즉위했다고 기록했다. 대개 소호는 금덕金德의 왕이므로 오운五運의 차례가 아니다. 그러므로 오제로 서술하여 셈하지 않았을 뿐이다." 案 宋衷曰 太史公書玄囂青陽是爲少昊 繼黃帝立者 蓋少昊金德王 非五運之次 故敍五帝不數之耳 신주 전국시대 음양가陰陽家인 추연鄒衍은 목·화·토·금·수의 오덕五德이 서로 순환한다는 오덕종시설五德終始說을 주장했다. 주周나라 이래 한 왕조는 한 덕을 대표한다는 사상인데, 소호 김천씨는 금덕이라는 것이다. 오덕은 오운五運이라고도 하는데, 황제는 토덕土德을 대표하므로 금덕을 대표하는 소호가 황제를 계승했다면 오덕과 오운의 순서에 맞다. 소호 김천씨가 동이족이므로 사마천이 일부러 제위를 잇지 못한 것으로 설정했다고 보아야 할 것이다.
요속堯屬	황제가 현효를 낳았다. 黃帝生玄囂
순속舜屬	황제가 창의를 낳았다. 黃帝生昌意
하속夏屬	황제가 창의를 낳았다. 黃帝生昌意

은속殷屬	황제가 현효를 낳았다. 黃帝生玄囂
주속周屬	황제가 현효를 낳았다. 黃帝生玄囂

신주 황제와 누조 사이의 큰아들은 소호인데, 사마천은 현효라고 표기했다. 소호 김천씨는 동이족이기 때문이다. 황제와 누조 사이의 둘째 아들이 창의이다. 황제가 현효(소호)를 낳았다는 기록이 곡속, 요속, 은속, 주속에 공통으로 명기된 것은 곡, 요, 은, 주가 모두 현효의 자손이란 뜻이다. 황제가 창의를 낳았다는 기록이 전욱속, 순속, 하속에 공통으로 명기된 것은 마찬가지로 전욱, 순, 하가 모두 창의의 후손이라는 뜻이다. 황제와 누조 사이의 큰아들 현효가 동이족이라면 둘째 아들 창의도 동이족이고, 그 부친 황제도 동이족일 수밖에 없다. 그러므로 사마천이 설정한 오제와 하·은·주 삼대가 모두 동이족 왕조라는 얘기가 된다.

2. 황제에서 제전욱까지

제왕세국호 帝王世國號	제전욱은 황제 손자다. 황제부터 시작해 전욱에 이르기까지 3세인데, 전욱의 호는 고양高陽이다. 帝顓頊 黃帝孫 起黃帝 至顓頊三世 號高陽
전욱속顓頊屬	창의가 전욱을 낳았다. 고양씨가 되었다. 昌意生顓頊 爲高陽氏
곡속�속屬	현효가 교극을 낳았다. 玄囂生蟜極
요속堯屬	현효가 교극을 낳았다. 玄囂生蟜極

순속舜屬	창의가 전욱을 낳았다. 전욱이 궁선을 낳았다. 昌意生顓頊 顓頊生窮蟬
	색은 《세본》에는 '궁계'라고 했다. 송충이 말했다. "일설에는 궁계라고 하는데, 시호이다." 系本作窮係 宋衷云 一云窮係 謚也
하속夏屬	창의가 전욱을 낳았다. 昌意生顓頊
은속殷屬	현효가 교극을 낳았다. 교극이 고신을 낳았다. 玄囂生蟜極 蟜極生高辛
주속周屬	현효가 교극을 낳았다. 교극이 고신을 낳았다. 玄囂生蟜極 蟜極生高辛

신주 사마천은 창의(황제의 둘째 아들)의 아들인 전욱이 황제의 제위를 이었다고 설정했다. 사마천이 황제의 큰아들 소호가 제위를 잇지 못했다고 설정한 것에 대해 많은 이의제기가 있다. 큰아들을 배제하고 둘째 아들의 아들이 제위를 이은 것은 여러모로 보아 부자연스러운 것이다. 그래서 황보밀과 송충 등은 모두 황제의 제위를 소호가 이었다고 말하고 있다.

3. 황제에서 제곡까지

제왕세국호 帝王世國號	제곡은 황제 증손이다. 황제부터 시작해 제곡에 이르기까지 4세이다. 호는 고신高辛이다. 帝俈 黃帝曾孫 起黃帝 至帝俈四世 號高辛
전욱속顓頊屬	
곡속俈屬	교극이 고신을 낳았는데, 제곡이 되었다. 蟜極生高辛 爲帝俈

색은	황제 증손이다. 黃帝曾孫
요속堯屬	교극이 고신을 낳았다. 고신이 방훈을 낳았다. 蟜極生高辛 高辛生放勳
순속舜屬	궁선이 경강을 낳았다. 경강이 구망을 낳았다. 窮蟬生敬康 敬康生句望
하속夏屬	
은속殷屬	고신이 설을 낳았다 高辛生卨
주속周屬	고신이 후직을 낳았는데, 주 시조가 되었다. 高辛生后稷 爲周祖

신주 사마천은 창의(황제의 둘째 아들)의 아들인 전욱이 이은 황제의 제위는 교극(소호의 아들)의 아들인 곡이 이었다고 설정하고 소호는 물론 소호의 아들 교극도 제위 계승에서 탈락했다고 한 것이다. 그런데 전욱은 소호의 손자이자 전욱의 조카인 곡에게 선양했다는 것이다. 이는 소호와 그 아들 교극을 제위 계승에서 누락시킴으로써 사마천의 오제 계보에 무리가 있음을 스스로 말해주는 셈이다.

4. 황제에서 제요까지

제왕세국호 帝王世國號	제요는 황제부터 시작해 곡의 아들에 이르기까지 5세이다. 호는 당唐이다. 帝堯 起黃帝 至佶子五世 號唐
전욱속顓頊屬	
곡속佶屬	
요속堯屬	방훈이 요가 되었다. 放勳爲堯

순속舜屬	구망이 교우를 낳았다. 교우가 고수를 낳았다. 句望生蟜牛 蟜牛生瞽叟
하속夏屬	
은속殷屬	설이 은나라 시조가 되었다. 禼爲殷祖
주속周屬	후직이 부줄을 낳았다. 后稷生不窋

5. 황제에서 제순까지

제왕세국호 帝王世國號	제순帝舜은 황제 현손의 현손이며, 호는 우虞다. 帝舜 黃帝玄孫之玄孫 號虞
전욱속顓頊屬	
곡속㚛屬	
요속堯屬	
순속舜屬	고수가 중화를 낳으니, 이가 순임금이다. 瞽叟生重華 是爲帝舜
하속夏屬	전욱이 곤을 낳았다. 곤은 문명을 낳았다. 顓頊生鯀 鯀生文命 색은 살피건대, 《한서》〈율력지〉에서 전욱의 5대가 곤을 낳았다고 하는데, 이곳 및 〈제계〉에는 모두 전욱이 곤을 낳았다고 했으니 곧 옛 역사에서 그 대대로 이어진 계보를 빠뜨린 것이다. 案 漢書律曆志顓頊五代而生鯀 此及帝系皆云顓頊生鯀 是古史闕其代系也
은속殷屬	설이 소명을 낳았다. 禼生昭明
주속周屬	부줄이 국을 낳았다. 不窋生鞠

신주 맹자는 "순은 저풍에서 나고 부하로 옮겼으며 명조에서 세상을 떠났으니 동이 사람이다[舜生於諸馮 遷於負夏 卒於鳴條 東夷之人也]."라고 말했다 《맹자》이루離婁 하). 〈삼대세표〉에서는 황제가 창의를 낳고, 창의가 전욱을 낳고, 전욱이 궁선을 낳고, 궁선이 경강을 낳고, 경강이 구망을 낳고, 구망이 교우를 낳고, 교우가 고수를 낳고, 고수가 중화, 곧 순을 낳은 것으로 설명하고 있다. 현손은 손자의 손자이니 사마천은 황제의 손자가 전욱이고, 전욱의 손자가 경강이고, 경강의 손자가 교우이고, 교우의 손자가 순이라는 것이다. 그 순이 동이족이니 황제의 계보는 모두 동이족의 계보가 된다.

하나라 세표

1대 제우

제왕세국호 帝王世國號	제우帝禹는 황제 이손인데, 호는 하夏이다. 帝禹 黃帝耳孫 號夏 　신주　이손은 현손의 아들이나 증손의 손자를 뜻하는데, 내손來孫이라고도 한다.
전욱속顓頊屬	
곡속俈屬	
요속堯屬	
순속舜屬	
하속夏屬	문명이 곧 우가 되었다. 文命 是爲禹
은속殷屬	소명이 상토를 낳았다. 昭明生相土
주속周屬	국이 공류를 낳았다. 鞠生公劉

　신주　하나라 시조가 우禹다. 사마천이 황제가 창의를 낳고, 창의가 전욱을 낳고, 전욱이 곤을 낳고, 곤이 문명, 곧 우를 낳았다고 했으니 우는 황제의 고손자다. 중국사 연구가들은 하·은·주 삼대 중에서 하나라는 전설상의 왕조

로 취급해서 그 실존성을 인정하지 않았다. 이 경우 동이족의 은나라가 중국사 최초의 왕조가 되는 것이다. 현재 중국은 국가 차원의 역사공정인 하상주단대공정夏商周斷代工程(1996~2000)을 진행해서 전설상의 하나라가 실제 있었던 왕조라면서 서기전 2070년에 개국했다고 확정지었다. 그러고는 중국사 교과서에 이 내용을 실어서 가르치고 있다. 그러나 황제와 창의가 모두 동이족인 이상 하나라 역시 동이족 국가일 수밖에 없다.

2대 제계

제왕세국호 帝王世國號	제계가 유호를 정벌하고 〈감서〉를 지었다. 帝啟 伐有扈 作甘誓
은속殷屬	상토가 창약을 낳았다. 相土生昌若
주속周屬	공류가 경절을 낳았다. 公劉生慶節

신주 중국의 역사가 방시명方詩銘(1919~2000)은 《고본죽서기년집증古本竹書紀年輯證》에서 우禹는 제위를 계啟에게 넘겨주지 않고 고요의 아들 익益에게 넘겨주었는데, 계가 익을 살해하고 즉위했다고 썼다. 계는 폭력적인 방법으로나마 부자세습의 시대를 연 것이다. 또한 방시명은 '공류는 하나라 마지막 임금 걸桀과 상나라 초기 사이 사람'이라고 주장했다. 문왕 창昌은 공류의 11대손이다. 문왕의 선대가 16~17대인 것으로 보면 5~6세대가 부족하다. 이는 사마천 이전 주나라 시대나 유학자들이 역사를 변조했음을 시사한다.

3대 제태강

제왕세국호 帝王世國號	제태강 帝太康
은속股屬	창약이 조어를 낳았다. 조어가 명을 낳았다. 昌若生曹圉 曹圉生冥
주속周屬	경절이 황복을 낳았다. 황복이 차불을 낳았다. 慶節生皇僕 皇僕生差弗

4대 제중강

제왕세국호 帝王世國號	제중강. 태강의 아우이다. 帝仲康 太康弟
은속股屬	명이 진을 낳았다. 冥生振
주속周屬	차불이 훼투를 낳았다. 훼투가 공비를 낳았다. 差弗生毀渝 毀渝生公非

5대 제상

제왕세국호 帝王世國號	제상 帝相
은속股屬	진이 미를 낳았다. 미가 보정을 낳았다. 振生微 微生報丁
주속周屬	공비가 고어를 낳았다. 고어가 아어를 낳았다. 公非生高圉 高圉生亞圉

6대 제소강

제왕세국호 帝王世國號	제소강 帝少康
은속殷屬	보정이 보을을 낳았다. 보을이 보병을 낳았다. 報丁生報乙 報乙生報丙
주속周屬	아어가 공조류를 낳았다. 亞圉生公祖類

7대 제여

제왕세국호 帝王世國號	제여 帝予
	[색은] 발음은 '져[直呂反]'이고 또한 '저宁'로도 쓴다. 音直呂反 亦作宁 [정의] 상이 과요에게 멸함을 당하였는데, 왕후 민緡이 유잉으로 돌아가서 소강을 낳았다. 그 아들 여予가 다시 우의 공적을 이었다. 相爲過澆所滅 后緡歸有仍 生少康 其子予復禹績
은속殷屬	보병이 주임을 낳았다. 주임이 주계를 낳았다. 報丙生主壬 主壬生主癸
주속周屬	공조류가 태왕 단보를 낳았다. 公祖類生太王亶父

8대 제괴

제왕세국호 帝王世國號	제괴 帝槐

	색은 발음은 '회回'이고, 다른 뜻은 '회懷(품음)'이다. 《세본》에는 '분芬'이라고 썼다. 音回 一意懷 系本作芬也 신주 《고본죽서기년》에는 괴槐의 이름이 분芬이고 44년 재위했다고 한다.
은속 殷屬	주계가 천을을 낳았으니, 이가 은탕이다. 主癸生天乙 是爲殷湯
주속 周屬	단보가 계력을 낳았다. 계력이 문왕 창을 낳았다. 역괘를 더하였다. 亶父生季歷 季歷生文王昌 益易卦

9대 제망

제왕세국호 帝王世國號	제망 帝芒
	색은 발음은 '망亡'이고 다른 판본에서는 '황荒'이라고 했다. 音亡 一作荒 신주 《고본죽서기년》에는 망芒이 58년 재위했다고 한다.
은속 殷屬	
주속 周屬	문왕 창이 무왕 발을 낳았다. 文王昌生武王發

10대 제설

제왕세국호 帝王世國號	제설 帝泄
	색은 발음은 '설薛'이다. 音薛也
은속 殷屬	
주속 周屬	

11대 제불강

제왕세국호 帝王世國號	제불강 帝不降
은속 殷屬	
주속 周屬	

12대 제경

제왕세국호 帝王世國號	제경. 불강의 아우다. 帝扃 不降弟 〔색은〕 발음은 '경[古熒切]'이다. 古熒切
은속 殷屬	
주속 周屬	

13대 제근

제왕세국호 帝王世國號	제근 帝廑 〔색은〕 발음은 '근[其靳反]'이고 또 발음은 '근勤'이다. 其靳反 又音勤 〔신주〕 《고본죽서기년》에는 근廑을 윤갑胤甲이라고 한다.
은속 殷屬	
주속 周屬	

14대 제공갑

제왕세국호 帝王世國號	제공갑. 불강의 아들이다. 귀신을 좋아하고 음란하여 좋은 덕을 닦지 않으므로 두 용이 떠나갔다. 帝孔甲 不降子 好鬼神 淫亂不好德 二龍去
은속殷屬	
주속周屬	

15대 제고

제왕세국호 帝王世國號	제고 帝皋 색은 송충이 말했다. "무덤은 효산 남릉이다." 宋衷云 墓在崤南陵 신주 《고본죽서기년》에는 고고를 호고라고 하는데, 고대에 皋와 昊는 음이 비슷하여 통하는 글자이니 같은 것이라고 봐야 한다.
은속殷屬	
주속周屬	

16대 제발

제왕세국호 帝王世國號	제발 帝發 색은 제고고의 아들이다. 《세본》에서 말했다. "제고가 발과 이계履癸를 낳았다. 이계는 다른 이름으로 걸桀이다." 帝皋子也 系本云 帝皋生發及履癸 履癸一名桀

은속殷屬	
주속周屬	

17대 제걸

제왕세국호 帝王世國號	제이계. 이 사람이 걸이다. 우에서 걸까지 17세다. 황제에서 걸까지 20세다. 帝履癸 是爲桀 從禹至桀十七世 從黃帝至桀二十世
은속殷屬	
주속周屬	

은나라 세표

1대	은탕이 하나라를 대신했다. 황제부터 탕에 이르기까지 17세다. 殷湯代夏氏 從黃帝至湯十七世
2대	제외병. 탕의 태자. 태정太丁이 일찍 죽었기 때문에 다음 아우 외병이 즉위했다. 帝外丙 湯太子 太丁蚤卒 故立次弟外丙
3대	제중임. 외병의 아우다. 帝仲壬 外丙弟
4대	제태갑. 옛 태자 태정의 아들이다. 음란하여 이윤이 동궁으로 추방했다. 3년 만에 스스로 잘못을 뉘우치자 이윤이 맞이하여 다시 세웠다. 帝太甲 故太子太丁子 淫 伊尹放之桐宮 三年 悔過自責 伊尹乃迎之 復位
	<div style="text-align:center">신주</div> 《고본죽서기년》에는 이윤이 태갑을 가두고 찬탈했는데, 태갑이 몰래 빠져나와 이윤을 살해하고 다시 집권했다고 한다. 후대 유학자들에 의해 개찬되었을 가능성이 있다. 이는 본기 삼가주석에서도 이미 인용해서 따진 것이고, 현대의 중국 역사학자 방시명도 《죽서기년집증》에서 다음과 같이 논하고 있다. "《태평어람》 권83에서 인용한 〈급총쇄어〉에 '중임이 붕어하자 이윤이 태갑을 추방하여 4년간 자립했다'라고 한다. 인용한 것은 심히 짧은 단문이지만, 다만 반영한 것은 역사의 사실이며, 《고본죽서기년》과 같으니, 전국시대에 이런 종류의 전설이 존재한다는 증거가 될 수 있다."
5대	제옥정. 이윤이 죽었다. 帝沃丁 伊尹卒
6대	제태경. 옥정의 아우다. 帝太庚 沃丁弟

7대	제소갑. 태경의 아우다. 은나라 도가 쇠퇴하자 제후들이 간혹 도착하지 않았다. 帝小甲 太庚弟 殷道衰 諸侯或不至 [색은] 살피건대, 〈은본기〉와 《세본》에 모두 소갑을 태경의 아들이라 한다. 案 殷本紀及系本皆云小甲 太庚子
8대	제옹기. 소갑의 아우다. 帝雍己 小甲弟
9대	제태무. 옹기의 아우다. 뽕나무와 곡식이 자라나자 중종中宗이라 불리었다. 帝太戊 雍己弟 以桑穀生 稱中宗
10대	제중정 帝中丁 [신주] 〈은본기〉에는 중정中丁이 도읍을 오隞로 옮겼다고 했으며 《고본죽서기년》에는 그 지명을 효囂라 한다.
11대	제외임. 중정의 아우다. 帝外壬 中丁弟
12대	제하단갑. 외임의 아우다. 帝河亶甲 外壬弟 [신주] 〈은본기〉와 《고본죽서기년》에는 모두 하단갑河亶甲이 도읍을 상相으로 옮겼다고 했다.
13대	제조을 帝祖乙 [신주] 〈은본기〉에는 조을祖乙이 도읍을 경耿(혹은 형邢)으로 옮겼다고 했는데, 《고본죽서기년》에는 비庇로 옮겼다고 했다.
14대	제조신 帝祖辛
15대	제옥갑. 조신의 아우다. 帝沃甲 祖辛弟 [색은] 《세본》에서는 개갑이라 한다. 系本云開甲

16대	제조정. 조신의 아들이다. 帝祖丁 祖辛子
17대	제남경. 옥갑의 아들이다. 帝南庚 沃甲子 신주 《고본죽서기년》에는 남경南庚이 엄奄으로 옮겼다고 했는데, 〈은본기〉에는 이런 내용이 없다.
18대	제양갑. 조정의 아들이다. 帝陽甲 祖丁子
19대	제반경. 양갑의 아우다. 하남으로 옮겼다. 帝盤庚 陽甲弟 徙河南 신주 《고본죽서기년》에는 반경盤庚이 엄에서 하북 은殷으로 옮겼다고 했는데, 〈은본기〉에는 상나라 첫 수도인 박亳으로 옮겼다고 한다. 전후 사정과 〈은본기〉 및 《상서》의 기록을 미루어 보면 반경은 엄에서 잠깐 박으로 옮겼다가 다시 은으로 천도 한 것으로 추측된다.
20대	제소신. 반경의 아우다. 帝小辛 盤庚弟
21대	제소을. 소신의 아우다. 帝小乙 小辛弟
22대	제무정. 꿩이 솥귀에 올라 울었다. 부열傅說을 얻었다. 고종高宗이라 일 컫는다. 帝武丁 雉升鼎耳雊 得傅說 稱高宗
23대	제조경 帝祖庚
24대	제갑. 조경의 아우다. 음란했다. 帝甲 祖庚弟 淫 집해 서광이 말했다. "일설에는 음란한 덕으로 은나라가 쇠퇴했다고 한다." 徐廣曰 一云淫德 殷衰
25대	제늠신 帝廩辛

	색은 어떤 곳에는 '풍신馮辛'이라 한다. 《세본》에는 '조신祖辛'이라 했는데, 잘못이다. 살피건대, 위에서 조을이 이미 조신을 낳았으므로 잘못임을 알 수 있다. 或作馮辛 系本作祖辛 誤也 案 上祖乙已生祖辛 故知非也
26대	제경정. 늠신의 아우다. 은나라가 하북으로 옮겼다. 帝庚丁 廩辛弟 殷徙河北 신주 〈은본기〉에는 경정庚丁이 아니라 다음 임금인 무을 때 하북으로 옮겼다고 나온다. 하지만 앞서 반경이 옮겼다고 보는 것이 옳으며, 이때는 현재 안양安陽 은허에서 마지막 도읍지인 녹대鹿臺(현재 조가朝歌)로 옮겼다고 보는 것이 맞을 것이다 《제왕세기》에도 〈은본기〉와 마찬가지로 무을이 박에서 하북 조가로 옮겼다고 나온다. 현대 고고학 발굴과 여러 기록으로 볼 때 《고본죽서기년》의 기록이 설득력이 있다.
27대	제무을. 신을 업신여기다가 벼락에 맞아 죽었다. 帝武乙 慢神震死
28대	제태정 帝太丁 신주 양옥승은 《사기지의》에서 태정太丁이 아니라 문정文丁이 옳다고 했는데, 《죽서기년집증》에도 문정이 옳다고 논증하고 있다. 성탕의 태자가 태정이니, 이것이 옳을 것이다. 이 왕의 시대에 주왕 계력季歷을 살해했다고 《고본죽서기년》에 나온다. 계력은 주문왕 창昌의 아버지이고 고공단보의 막내아들이다. 맏이가 오태백吳太伯이다.
29대	제을. 은나라가 더욱 쇠약해졌다. 帝乙 殷益衰
30대	제신. 이 사람이 주紂이다. 시해당했다. 탕에서 주까지 29세다. 황제에서 주까지 46세다. 帝辛 是爲紂 弑 從湯至紂二十九世 從黃帝至紂四十六世

신주 은나라와 주나라는 모두 황제의 큰아들 현효(소호)의 핏줄이다. 은나라와 주나라는 황제 → 현효→교극 →고신까지 계보가 같다. 고신의 두 아들이 설과 후직인데, 설은 은나라의 시조이고 후직은 주나라의 시조이다. 설과 후직이 모두 동이족 현효의 증손자라는 점에서 은나라와 주나라 역시 모두 동이족 국가이다.

주나라와 분봉 받은
제후국들의 세표

신주　주나라는 후직后稷을 시조로 삼는다. 후직의 성은 희姬, 이름은 기棄인데, 농경의 신이다. 〈주본기〉에는 유태有邰씨의 딸 강원姜嫄이 거인의 발자국을 밟고 기를 낳았다고 한다. 황제의 현손이자 소호의 증손자이므로 동이족이다. 그 후손인 주나라 무왕武王의 성은 희姬, 이름은 발發이다. 서주 청동기의 금문에는 무斌라고 나온다. 희발은 문왕 희창姬昌과 태사太姒 사이에서 둘째 아들로 태어났다. 즉위 후 태공 망望, 주공 단旦, 소공 석奭 등을 중용해 국력을 신장시킨 후 여러 제후의 군사를 이끌고 상왕 주紂의 군대를 목야지전牧野之戰에서 꺾고 주나라 천하를 만들었다. 지금의 섬서성 서안 서남쪽의 호경鎬京에 도읍했다.

1대 무왕

주周	주나라 무왕이 은나라를 대신했다. 황제부터 무왕까지 19세이다. 周武王代殷 從黃帝至武王十九世

2대 성왕

주周	성왕 송 成王誦 색은 어떤 곳에는 '용庸'으로 썼지만, 잘못이다. 或作庸 非 신주 무왕 희발의 아들 희송姬誦을 뜻한다. 주나라 2대 군주이다.
노魯	노주공 단. 무왕의 아우이다. 처음 봉해졌다. 魯周公旦 武王弟 初封
제齊	제태공 상. 문왕과 무왕의 스승이다. 처음 봉해졌다. 齊太公尙 文王武王師 初封
진晉	진당숙 우. 무왕의 아들이다. 처음 봉해졌다. 晉唐叔虞 武王子 初封
진秦	진악래. 주紂를 도왔다. 부친 비렴은 힘이 있었다. 秦惡來 助紂 父飛廉 有力
초楚	초웅역. 웅역의 부친 죽웅鬻熊은 문왕을 섬겼다. 처음 봉해졌다. 楚熊繹 繹父鬻熊 事文王 初封
송宋	송미자 계. 은나라 주왕의 서형이다. 처음 봉해졌다. 宋微子啟 紂庶兄 初封
위衛	위강숙. 무왕의 아우이다. 처음 봉해졌다. 衞康叔 武王弟 初封 신주 이름은 봉封이다.
진陳	진호공 만. 순임금의 후예이다. 처음 봉해졌다. 陳胡公滿 舜之後 初封
채蔡	채숙 도. 무왕의 아우이다. 처음 봉해졌다. 蔡叔度 武王弟 初封
조曹	조숙 진탁. 무왕의 아우이다. 처음 봉해졌다. 曹叔振鐸 武王弟 初封
연燕	연소공 석. 주왕실과 같은 성이다. 처음 봉해졌다. 燕召公奭 周同姓 初封

신주 주나라는 주 왕실의 친척이나 공신을 각지의 제후로 봉하는 봉건제도封建制度를 시행했다. 대부분 무왕의 자녀, 친척, 공신, 전 왕조의 후손들을 제후로 봉했다. 무왕의 친척들이 아닌 인물을 분봉한 제후국은 제濟, 진秦, 진陳, 초楚인데, 진秦은 소호 김천씨의 후예인 동이족 국가이고, 진陳도 동이족 순임금의 후예인 동이족 국가이다. 제나라에 봉해진 태공 상尙은 성이 강姜이고, 씨는 여呂이며, 이름이 상尙이다. 산동성의 동이족 거주지였던 현재의 산동성 일조시日照市인 동해현東海縣에서 태어났는데, 동이족 신농씨의 51세손으로 전해지니 역시 동이족이다. 초楚나라는 황제의 7세손이자 창의의 6세손 계련季連의 후손들이 세운 나라이니 역시 동이족 국가이다. 곽말약郭沫若은 《중국고대사회연구》에서, 호후선胡厚宣은 〈초족원우동방고楚族源于東方考〉에서 초나라는 동이족의 나라라고 분석했다. 주나라는 물론 주나라에 의해 제후로 분봉된 제후국들이 모두 동이족 국가들인 것이다.

3대 강왕

주周	강왕 쇠. 40여 년간 형벌을 사용하지 않았다. 康王釗 刑錯四十餘年 **색은** 錯의 발음은 '교[古堯反]'인데, 또 발음이 '초招'라고도 한다. 古堯反 又音招 **신주** 나라가 잘 다스려졌다는 뜻이다. 《고본죽서기년》에 따르면 강왕 6년에 제나라 초대 군주 강태공 여상呂尙이 세상을 떠났다고 한다.
노魯	노공 백금 魯公伯禽
제齊	정공 여급 丁公呂伋

진晉	진후 섭 晉侯燮
진秦	여방 女防
초楚	웅예 熊乂
송宋	미중. 계의 아우이다. 微仲 啓弟
위衛	강백 康伯 색은 강숙의 아들로, 왕손모의 아버지이다. 康叔子 王孫牟父也 신주 색은 주석에서는 강백을 왕손모의 아버지로 말하고 있으나 강백이 주문왕의 손자여서 왕손모라고도 칭했다.
진陳	신공 申公
채蔡	채중 蔡仲
조曹	
연燕	9세 때 혜후에 이르렀다. 九世至惠侯

4대 소왕

주周	소왕 하. 남쪽을 순수하다가 돌아오지 않았다. 부고를 내지 않았는데, 이를 꺼린 것이다. 昭王瑕 南巡不返 不赴 諱之 색은 瑕의 발음은 '하遐'이다. 송충이 말했다. "소왕이 남쪽 초나라를 정벌할 때 신

	유미辛由靡가 우승이 되었다. (소왕이) 한수의 중류를 건너다가 사로잡혀 신유미가 왕을 계승하였다. (소왕이) 마침내 죽고 돌아오지 않자 주나라에서는 그 후 서쪽 적翟 땅에 묻었다. 音遐 宋衷云 昭王南伐楚 辛由靡爲右 涉漢中流而隕 由靡承王 遂卒不復 周乃侯其後于西翟也	
노魯	고공 考公	
제齊	을공 乙公	
진晉	무후 武侯	
진秦	방고 旁皋	
초楚	웅담 熊黮 색은 黮은 발음이 '탐[吐感反]'인데, 또 '담[徒感反]', 또 '담[杜減反]'이라고도 한다. 추탄생은 또 발음이 '점點'이라고 썼다. 吐感反 又徒感反 又杜減反 鄒氏又作點音	
송宋	송공 宋公	
위衛	효백 孝伯	
진陳	상공 相公	
채蔡	채백 蔡伯	
조曹	태백 太伯	
연燕		

5대 목왕

주周	목왕 만. 보형을 만들었다. 황복 지역의 조공이 이르지 않았다. 穆王滿 作甫刑 荒服不至
노魯	양공. 고공의 아우다. 煬公 考公弟
제齊	계공 癸公
진晉	성후 成侯
진秦	대궤 大几
초楚	웅승 熊勝
송宋	정공 丁公
위衛	사백 嗣伯
진陳	효공 孝公
채蔡	궁후 宮侯
조曹	중군 仲君
연燕	

6대 공왕

주周	공왕 이호 恭王伊扈
노魯	유공 幽公
제齊	애공 哀公
진晉	여후 厲侯
진秦	대락 大駱
초楚	웅양 熊煬
송宋	민공. 정공의 아우이다. 潛公 丁公弟
위衞	섭백 疌伯 색은 발음은 '첩捷'이다. 音捷
진陳	신공 慎公
채蔡	여후 厲侯
조曹	궁백 宮伯
연燕	

7대 의왕

주周	의왕 견. 주나라의 도가 쇠약해지자 시인들이 시를 지어 풍자했다. 懿王堅 周道衰 詩人作刺
노魯	위공 魏公 색은 《세본》에는 '미공'이라 했는데, 이름은 불기이다. 系本作微公 名弗其
제齊	호공 胡公
진晉	정후 靖侯
진秦	비자 非子
초楚	웅거 熊渠
송宋	양공. 민공의 아우이다. 煬公 湣公弟
위衛	정백 靖伯
진陳	유공 幽公
채蔡	무후 武侯
조曹	효백 孝伯
연燕	

8대 효왕

주周	효왕 방. 의왕의 아우이다. 孝王方 懿王弟
노魯	여공 厲公
제齊	헌공이 호공을 시해했다. 獻公弑胡公
진晉	
진秦	진후 秦侯
초楚	웅무강 熊無康 **신주** 〈초세가〉에 따르면, 웅거의 맏아들 웅무강은 즉위 전에 죽었고 아우 웅지홍이 즉위했다.
송宋	여공 厲公
위衛	정백 貞伯
진陳	희공 釐公
채蔡	
조曹	이백 夷伯
연燕	

9대 이왕

주周	이왕 섭. 의왕의 아들이다. 夷王燮 懿王子 **신주** 《고본죽서기년》에 따르면, 이왕 3년에 제나라 애공哀公을 솥에다 삶아 죽였다고 한다. 애공은 기후紀侯의 참소로 죽었다.
노魯	헌공. 여공의 아우이다. 獻公 厲公弟
제齊	무공 武公 **신주** 〈제태공세가〉에 따르면 무공의 재위는 26년(서기전 850~825)이다. 주나라 여왕과 공화를 거쳐 선왕 3년까지이다. 그 앞의 헌공憲公은 9년(서기전 859~851), 다시 그 앞이 호공胡公인데 헌공이 형 호공을 시해하고 즉위했다. 호공의 형이 팽형을 당한 애공哀公이다.
진晉	
진秦	공백 公伯
초楚	웅지홍 熊鷙紅
송宋	희공 釐公
위衛	경후 頃侯
진陳	
채蔡	
조曹	
연燕	

10대 여왕

주周	여왕 호. 허물을 듣는 것을 싫어하다 백성들이 난을 일으키자 쫓겨 달아났고, 마침내 체彘 땅에서 죽었다. 厲王胡 以惡聞 過亂 出奔 遂死於彘
	신주 여왕 호는 이왕의 아들이다. 여왕은 절대왕권을 확립하기 위해서 귀족들의 권력을 박탈하고 평민들을 착취해 귀족과 평민들의 불만을 샀다. 또한 남쪽으로 형초荊楚를 정벌하는 등 다른 민족과도 충돌했다. 그 결과 국인의 폭동이 일어나 서기전 841년(혹 서기전 842)에 호경鎬京에서 탈출해 지금의 산서성 곽현霍縣 서북쪽 체彘 땅으로 도주했다. 이후 공화 14년(서기전 828)에 사망했다.
노魯	진공 真公
제齊	
진晉	
진秦	진중 秦仲
초楚	웅연. 웅지홍의 아우이다. 熊延 紅弟
송宋	
위衛	희후 釐侯
진陳	
채蔡	
조曹	
연燕	

공화 시기

주周	공화. 두 백이 행정을 했다. 共和 二伯行政 색은 주와 소, 두 공이 함께 왕실을 도왔으므로 공화라 한다. 황보밀은 "공백 화和가 왕위에 간섭했다."라고 하는데, 공국共國이며 백작으로 화和는 그 이름이다. 왕위에 간섭했다는 것은 찬위했다는 말이다. 사마천의 설과 다른데 대개 다른 설일 뿐이다. 周召二公共相王室 故曰共和 皇甫謐云 共伯和干王位 以共國 伯爵 和其名也 干王位 言簒也 與史遷之說不同蓋異說耳 신주 주나라 여왕이 서기전 841년(혹 서기전 842) '국인폭동國人暴動'으로 호경을 탈출해 체 땅으로 도망간 후 주정공周定公과 소목공召穆公이 공동으로 집권했으므로 공화라고 부른다. 국인폭동을 '체의 난', '국인기의國人起義'라고도 하는데, 여왕이 쫓겨난 후 귀족들이 연합해서 정권을 잡았으므로 공화라고도 부른다.
노魯	무공. 진공의 아우이다. 武公 真公弟
제齊	
진晉	
진秦	
초楚	웅용 熊勇
송宋	
위衛	
진陳	
채蔡	
조曹	
연燕	

장부자가 저선생에게 묻다

장부자가 저선생^①에게 물었다.

"《시경》에서는 설契이나 후직后稷이 모두 아버지 없이 태어났다고
되어 있습니다. 그러나 지금 여러 전기를 살피건대, 모두 아버지가 있
었고, 아버지는 모두 황제의 자손이라고 말하는데^②《시경》이 오류가
없다고 할 수 있겠습니까?"

張夫子問褚先生曰^① 詩言契后稷皆無父而生 今案諸傳記咸言有父 父皆
黃帝子也^② 得無與詩謬秋

① 褚先生曰저선생왈

색은 저선생의 이름은 소손少孫이고 원제와 성제 사이에 박사가 되었다.
장부자는 자세한 기록이 없다.

褚先生名少孫 元成閒爲博士 張夫子 未詳也

신주 저소손褚少孫은 서한西漢 원제元帝(재위 서기전 49~33년)와 성제成帝(재
위 서기전 33~7) 때의 인물이다. 《한서》〈사마천 열전〉에서 장안張晏은 "사마
천이 사망한 이후 〈효경본기〉, 〈효무본기〉, 〈예서〉, 〈악서〉, 〈병서〉, 〈한흥이래

장상명신연표〉, 〈일자열전日者列傳〉, 〈삼왕세가三王世家〉, 〈귀책열전龜策列傳〉, 〈부근열전傅靳列傳〉 등을 잃어버렸다. 원제와 성제 연간에 저선생이 부족한 것을 메워 〈효무본기〉, 〈삼왕세가〉, 〈귀책열전〉, 〈일자열전〉 등을 지었는데 언사가 비루해서 사마천의 본의와 다르다."라고 말했다.

② 父皆黃帝子也부개황제자야

[색은] 살펴건대, 위의 설이나 후직은 모두 제곡帝嚳의 아들이다. 여기서 황제의 아들이라고 이른 것은 이는 황제의 자손을 이른 것뿐이다. 살펴건대, 제곡은 황제의 증손이고 설과 기棄는 현손이기 때문에 그렇게 이른 것이다.
案 上契及后稷皆帝嚳子 此云 黃帝子者 謂是黃帝之子孫耳 案 嚳是黃帝曾孫 而 契棄是玄孫 故云也

[신주] 설은 은나라의 시조이고, 후직은 주나라의 시조이다. 설과 후직의 계보는 모두 황제 → 현효(소호) → 교극 → 고신(제곡) → 설·후직으로 같다. 설과 후직은 모두 황제의 현손이고, 소호의 증손이고, 교극의 손자이자 제곡의 아들이다. 소호가 동이족이니 은나라 시조 설과 주나라 시조 후직은 모두 동이족이고, 은나라는 물론 주나라도 동이족 국가이다. 하나라도 동이족 국가이니 하, 은, 주 삼대는 모두 동이족 국가이다.

저선생이 말했다.

"그렇지 않습니다.《시경》에서 설契은 알에서 태어났고 후직后稷은 사람의 발자국에서 태어났다고 말한 것은 그들에게 천명의 정성스러운 뜻이 있음을 나타내고자 한 것뿐입니다. 귀鬼와 신神이란 저절로 생성될 수 없고 모름지기 사람으로 인해 생겨나는데, 어떻게 아버지 없이 태어났겠습니까? 한 곳은 아버지가 있다고 말하고 한 곳은 아버지가 없다고 말했는데, 믿을 만한 것은 믿을 만한 것으로 전하고 의심나는 것은 의심나는 것으로 전했습니다. 그러므로 두 가지 설명이 있는 것입니다.

요임금은 설契과 직稷이 모두 현인이고 하늘이 태어나게 한 것이라는 것을 알았습니다. 그러므로 설을 70리의 땅으로 봉했는데, 뒤에 10여 대인 탕湯에 이르러 천하에서 왕을 하게 되었습니다. 요임금은 또 후직의 자손들도 후대에 왕을 할 것을 알았습니다. 그래서 100리의 땅을 봉해주었고, 그의 후손들이 또 1,000년 가까이 내려와 문왕에 이르러 천하를 소유하게 되었습니다.

褚先生曰 不然 詩言契生於卵 后稷人迹者 欲見其有天命精誠之意耳 鬼神不能自成 須人而生 奈何無父而生乎 一言有父 一言無父 信以傳信 疑以傳疑 故兩言之 堯知契稷皆賢人 天之所生 故封之契七十里 後十餘世至湯 王天下 堯知后稷子孫之後王也 故益封之百里 其後世且千歲 至文王而有天下

《시전》에 이르기를 '탕 임금의 선조는 설契인데, 아버지 없이 태어났다. 설의 어머니가 자매들과 함께 현구수玄丘水에서 목욕을 하는데, 제비가 알을 머금다가 떨어뜨렸다. 설의 어머니가 그 알을 입에 물고 있다가 잘못 삼킨 뒤 설을 낳았다.'[①]라고 했습니다. 설은 태어나면서부터 현명해 요임금이 세워서 사도司徒로 삼고 자씨子氏 성을 내렸습니다. 자子는 '자兹'인데 자兹는 더욱 커진다는 것입니다. 시인들이 그를 찬미해 말하기를 '은나라 땅은[②] 넓고 넓어 하늘이 제비에게 명하니, 내려와 상商을 낳았네.'라고 했습니다. 상商이 바탕이며 은殷은 호칭입니다.

詩傳曰 湯之先爲契 無父而生 契母與姊妹浴於玄丘水 有燕銜卵墮之 契母得 故含之 誤吞之 即生契[①] 契生而賢 堯立爲司徒 姓之曰子氏 子者茲茲益大也 詩人美而頌之曰 殷社[②]芒芒 天命玄鳥 降而生商 商者質 殷號也

① 生契생설

[색은] 유융씨의 딸은 간적簡狄이라고 하는데, 현구수에서 목욕한 것은 《시위》에 나온다. 〈은본기〉에는 제비가 물 위로 날아가면서 알을 낳자 융간적이 취해서 삼켰다고 한다.

有娀氏女曰簡狄 浴於玄丘水 出詩緯 殷本紀云玄鳥翔水遺卵 娀簡狄取而吞之也

[신주] 은나라 선조 설이 알에서 태어난 난생이라는 기록은 은나라가 동이족 국가임을 말해주는 사례 중 하나이다.

② 殷社은사

집해 《시경》에는 '토土'라고 했다.

詩云土

신주 지금은 성姓과 씨氏가 대부분 일치하지만 상고시대에는 성과 씨가 달랐다. 간단하게 말하면 성姓이 씨氏보다 큰 개념으로서 성에서 여러 씨가 갈라져 나왔다.

은상殷商, 즉 은(상)나라의 국성國姓은 자성子姓이다. 남송南宋의 정초鄭 樵가 편찬한 《통지通志》〈씨족략氏族略〉과 등명세鄧明世의 《고금성씨서변증 古今姓氏書辨證(1936)》에 따르면 "상나라 시조 설契은 순임금의 사도가 되어 서 상商 땅을 분봉 받고 '자子'를 성으로 받았다. 즉, 자성은 설부터 시작한 다. 원래 설은 은수殷水가에서 태어났기에 성을 '은殷'으로 삼았는데, 후에 대우大禹의 치수를 보좌해 공이 있어서 순임금에 의해 상 땅을 분봉 받고 자를 성으로 받았다는 것이다.

춘추전국 때 자성子姓의 제후국은 송宋나라였는데, 춘추오패의 하나 였던 송양공宋襄公(재위 서기전 650~637)이 자성이다. 또한 공자孔子(서기전 551~479)도 성은 자子이고 씨는 공孔, 이름은 구丘로 조상들은 송나라 율읍 栗邑 사람인데, 현재 하남성 상구시商丘市 하읍현夏邑縣이다. 자성에서 갈라 진 성씨는 은殷에서 파생된 의依, 연燕, 영潁 씨와 조祖, 무武, 원苑, 등鄧, 후 侯, 학郝, 팽彭, 정丁, 탕湯, 경庚, 을乙, 치稚, 소蕭 씨 등이 있다. 그 뿌리를 찾아 올라가면 모두 은나라의 후예이자 동이족 후예 성씨이다.

주나라 문왕의 선조는 후직입니다. 후직 또한 아버지 없이 태어났습니다. 후직의 어머니는 강원姜嫄인데[①] 밖에 나가서 대인의 발자취를 보고 밟고 따라갔다가 몸에 태기가 있어서 후직을 낳게 되었습니다. 강원은 아비 없는 자식이라고 천하게 여겨 길 가운데 버렸는데 소와 양이 피하고 밟지 않았습니다. 다시 안아서 산속에 버렸는데[②] 산짐승들이 길렀습니다. 또 큰 연못에 버렸는데 새가 덮고 자리를 만들어 먹였습니다. 강원이 괴이하게 여기고 이에 그가 하늘의 아들인 줄을 알고 곧 거두어 길렀습니다. 요임금은 그가 현명한 재주가 있는 것을 알고 대농大農으로 세우고 희씨姬氏의 성을 내렸습니다.[③] 희姬란 근본입니다. 시인들이 아름답게 칭송해서 이르길 '그 처음 백성을 낳게 하다.'라고 했습니다. 이는 깊게 닦고 더욱 성취해 후직의 시작을 지칭한 것입니다.

文王之先爲后稷 后稷亦無父而生 后稷母爲姜嫄[①] 出見大人跡而履踐之 知於身 則生后稷 姜嫄以爲無父 賤而棄之道中 牛羊避不踐也 抱之山中[②] 山者養之 又捐之大澤 鳥覆席食之 姜嫄怪之 於是知其天子 乃取長之 堯知其賢才 立以爲大農 姓之曰姬氏[③] 姬者 本也 詩人美而頌之曰 厥初生民 深修盆成 而道后稷之始也

① 后稷母爲姜嫄후직모위강원

[색은] 유대씨의 딸이다. 위소는 "강姜은 성이고 원嫄은 자이다."라고 했다.

有邰氏之女也 韋昭云 姜 姓 嫄 字也

② 抱포

[집해] 抱는 '보[普茅反]'로 발음한다.

抱 普茅反

[색은] 抱는 '뵤[普交反]'로 발음하며, 또 가장 통상적인 발음으로 읽는다.

抱 普交反 又如字

③ 姬氏희씨

[신주] 희성姬姓은 현재 중국의 상고 8대 성 중 하나로서 주나라의 국성國姓이다. 춘추전국 때 희성 제후국은 오吳, 노魯, 연燕, 위衛, 진晉, 정鄭, 조曹, 채蔡 나라 등이 있다. 좌구명左丘明이 《국어》,《춘추좌씨전》에서 "황제黃帝는 희수姬水에서 오래 거주해 희를 성으로 삼았다."라고 말한 것처럼 황제의 성씨였다. 사마천이 설정한 오제 중에 전욱 고양씨, 제곡 고신씨도 희성이고, 주나라 시조 후직도 희성이다. 중국의 성씨 연구가들에 따르면 희성에서 갈라진 성씨는 주周, 오吳, 정鄭, 왕王, 노魯, 조曹, 위魏 씨 등 411개나 된다.

공자께서 말씀하시기를 '옛날 요임금이 설에게 명해 자씨子氏로 삼아서 탕湯이 있게 되었다. 후직에게 명해 희씨姬氏로 삼아서 문왕이 있게 되었다. 태왕(고공단보)이 계력季歷에게 명한 것은 하늘의 상서를 드러낸 것이다. 태백이 오吳 땅으로 가서 마침내 근원을 낳게 했다.'라고 했습니다.[1] 천명은 말하기가 어려워 성인이 아니면 능히 보지 못합니다. 순, 우, 설, 후직은 모두 황제의 자손이었습니다. 황제는 하늘의 명을 계산해 천하를 다스려서 덕택이 후세까지 깊이 미쳤으므로 그의 자손들이 모두 다시 서서 천자가 되었으니 이는 하늘이 덕이 있는 곳에 보답한 것입니다. 사람들은 알지 못하면서 보통의 필부들이 일어난 것으로 널리 좇아 여길 뿐입니다. 대저 보통의 필부들이 어찌 능히 아무 까닭 없이 일어나서 천하에 왕이 되겠습니까? 그것은 천명이 있어서 그러한 것입니다."

孔子曰 昔者堯命契爲子氏 爲有湯也 命后稷爲姬氏 爲有文王也 大王命季歷 明天瑞也 太伯之吳 遂生源也[1] 天命難言 非聖人莫能見 舜禹契后稷皆黃帝子孫也 黃帝策天命而治天下 德澤深後世 故其子孫皆復立爲天子 是天之報有德也 人不知 以爲氾從布衣匹夫起耳 夫布衣匹夫安能無故而起王天下乎 其有天命然

① 遂生源也수생원야

[색은] 태백이 계력에게 양보하고 오나라에 살면서 돌아오지 않은 것은 문왕과 무왕에게 전해서 난亂을 헤치고 바른 곳으로 돌리고자 한 것이며, 주나라의 도를 이룩했으니 마침내 천하의 낳고 낳는 근원을 이루게 한 것을 말한 것이다.

言太伯之讓季歷居吳不反者 欲使傳文王武王撥亂反正 成周道 遂天下生生之源
本也

신주 은나라의 국성인 자성子姓이나 주나라의 국성인 희성姬姓은 모두 황제와 소호에게서 난 것으로 뿌리가 같다. 태백太伯은 본명이 희태姬泰로 고공단보古公亶父의 맏아들인데 태왕(고공단보)이 셋째 계력의 아들 창昌(문왕)에게 뜻이 있는 것을 알고 둘째 중옹仲雍과 함께 형만荊蠻 땅으로 도주했다. 그는 호를 구오句吳로 삼았는데, 그가 오나라 첫 군주이다.

장부자가 물었다.

"황제의 후손들이 어찌 천하에 오래도록 왕을 할 수 있었습니까?"

저선생이 대답했다.

"전傳에 이르기를, 천하의 군왕이란 백성에게 (이로운) 온갖 일을 하는 사람으로, 백성의 운명(죄)에 대해 대신 속죄하기를 청하는 자가 제帝이니, 만세에 복이 있습니다. 황제가 바로 그런 사람입니다. 오정五政이 밝으니 곧 예의를 닦고, 그로 인해 하늘이 내려준 시기에 따라 군사를 일으켜 정벌하여 이롭게 하는 자가 왕王이니, 천세에 복이 있습니다. 촉왕은 황제의 후세입니다.[①] 지금 한나라 서남쪽 5,000리에 있으며 항상 와서 조회하여 굽히고 한나라에 공물을 수송하는데, 선조의 덕이 있지 않았다면 은택이 후세까지 흘렀겠습니까? 도덕을 행함에 어찌 소홀히 하겠습니까! 그러니 백성의 군왕이 된 자는 낱낱이 들추어 살펴보아야 합니다.

黃帝後世何王天下之久遠邪 曰 傳云天下之君王爲萬夫之黔首請贖民之
命者帝 有福萬世 黃帝是也 五政明則修禮義 因天時舉兵征伐而利者王
有福千世 蜀王 黃帝後世也^① 至今在漢西南五千里 常來朝降 輸獻於漢
非以其先之有德 澤流後世邪 行道德豈可以忽秋哉 人君王者舉而觀之

① 蜀王 黃帝後世也촉왕 황제후세야

[색은] 살피건대, 《세본》에 촉은 성姓이 없고 서로 계승해서 황제의 후예라
고 했다. 또 황제의 아들 스물다섯 명이 나누어 봉해지고 성씨를 하사받았
으니, 누군가는 만이蠻夷가 된 것이 대개 당연하다. 《촉왕본기》에 "주제군朱
提郡에 있는 남자 두우杜宇는 하늘로부터 내려와 자칭 망제望帝라고 했는
데, 또한 촉왕이라고 한다."라고 했다. 즉, 두杜는 성이고 당두씨唐杜氏에게
서 나왔으며 대개는 육종씨陸終氏의 맏아들이고 또한 황제의 후예이다.

案 系本蜀無姓 相承云黃帝後 且黃帝二十五子 分封賜姓 或於蠻夷 蓋當然也 蜀
王本紀云朱提有男子杜宇從天而下 自稱望帝 亦蜀王也 則杜姓出唐杜氏 蓋陸終
氏之胤 亦黃帝之後也

[정의] 《보기》에서 두루 이르기를, 촉의 선조는 인황씨 사이에서 비롯되었
다고 한다. 황제는 아들 창의昌意에게 촉산씨의 딸을 취해 주었는데, 창의
는 제곡帝佶을 낳았으며, 제곡이 제위에 올라 그의 지서支庶를 촉에 봉해서
우·하·상을 거쳤다. 주나라가 쇠약해지자 먼저 왕이라고 칭한 자는 잠총蠶
叢이며 국가가 깨지자 자손들은 요姚와 휴雟 등에 거처했다.

譜記普云蜀之先肇於人皇之際 黃帝與子昌意娶蜀山氏女 生帝佶 立 封其支庶於
蜀 歷虞夏商 周衰 先稱王者蠶叢 國破 子孫居姚雟等處

한나라 대장군 곽자맹霍子孟의 이름은 광光이고 또한 황제의 후손입니다.① 이러한 것은 널리 듣고 멀리 내다보는 자들에게는 말할 수 있지만 진실로 견문이 얕은 자에게는 설명하기 어렵습니다. 어째서 그렇게 말합니까?

옛날 제후들은 국가로서 성씨를 삼았습니다. 곽霍이란 국가 이름입니다. 주나라 무왕이 아우 숙처叔處를 곽에 봉했는데 후세에 진헌공晉獻公이 곽공을 멸하자 후세에는 서민이 되어 평양平陽 일대를 왕래하며 살았습니다. 평양은 하동에 있고, 하동은 진晉나라 땅인데 분리되어 위魏나라가 되었습니다.②

漢大將軍霍子孟名光者 亦黃帝後世也① 此可爲博聞遠見者言 固難爲淺聞者說也 何以言之 古諸侯以國爲姓 霍者 國名也 武王封弟叔處於霍 後世晉獻公滅霍公 後世爲庶民 往來居平陽 平陽在河東 河東晉地 分爲魏國②

① 漢大將軍霍子孟名光者 亦黃帝後世也한대장군곽자맹명광자 적황제후세야

[색은] 살펴건대,《세본》에 곽국은 진성眞姓의 후예라고 한다. 주나라 무왕이 그의 아우 숙처叔處(숙우叔虞)를 곽 땅에 봉했다. 이는 희성姬姓이며 또한 황제의 후예이다.

案 系本云霍國 眞姓後 周武王封其弟叔處於霍 是姬姓亦黃帝後

[신주] 곽성霍姓은 주나라의 국성인 희성姬姓에서 나왔다고 보고 있다. 숙처叔處는 문왕의 여섯 번째 아들이자 무왕의 동생인 곽숙처霍叔處를 말하는데, 무왕이 곽숙처를 지금의 산서성 곽현霍縣 남쪽인 곽에 봉한 것이 곽

국의 시작이라는 것이다. 이 사람이 곽숙霍叔인데 주나라가 들어선 후 산동, 산서 일대에 남아 있는 은나라 귀족들이 반란을 일으키는 것을 우려해서 곽숙, 관숙管叔, 채숙蔡叔에게 이들을 감시하는 역할을 맡겼다. 이것이 '삼감三監'이다.

삼감은 거꾸로 '무경武庚의 반란'을 일으켰다가 실패한 후 서인庶人으로 떨어졌다. 그러나 곽숙의 아들이 계속 곽국의 군주로 있다가 주나라 혜왕惠王 16년(서기전 661)에 진나라 헌공獻公에게 멸망해 나라가 없어졌다. 그 후 곽국의 후예들이 나라 이름을 성으로 삼아 곽성이라고 칭했다.

그런데 중국의 성씨 연구가 중에는 곽성을 은나라의 국성인 자성의 자손으로 보는 견해도 존재한다. 이는 은나라나 주나라의 국성이 모두 같은 황제와 소호에게 뿌리를 두었기 때문에 나타나는 현상일 것이다.

② 分爲魏國분위위국

신주 '分爲魏國'은 판본에 따라 '分爲衛國'이라고 되어 있는 곳도 있으나 진晉이 나뉘어 생긴 나라이니까 '위魏'가 되어야 맞다.

《시경》에 따르면 이들 또한 주나라의 자손입니다. 주나라는 후직에서 일어났고 후직은 아버지 없이 태어났습니다.《삼대세전》에서 이야기한 것을 보면 후직은 아버지가 있는데, 아버지의 이름은 고신高辛이라고 했습니다. 고신은 황제의 증손입니다.《황제종시전》에 이르기를[1] '한나라 왕조가 일어난 지 100여 년이 되어 작지도 않고 크지도 않은 사람이 있어, 백연白燕의 향鄕[2]에서 출생해 천하의 정사를 맡는다. 당시는 어린 황제가 있을 것인데[3] 행차를 맡아하려고 한다.'[4]라고 했습니다.

以詩言之 亦可爲周世 周起后稷 后稷無父而生 以三代世傳言之 后稷有父名高辛 高辛 黃帝曾孫 黃帝終始傳曰[1] 漢興百有餘年 有人不短不長 出白燕之鄕[2] 持天下之政 時有嬰兒主[3] 欲行車[4]

① 黃帝終始傳황제종시전

색은 찾아보니 대개 오행참위설을 말한 것으로 지금 불리는 동요의 말과 같은 것이다.

索蓋謂五行讖緯之說 若今之童謠言

② 白燕之鄕백연지향

정의 다른 판본에는 '백체白彘'로 되어 있다. 살피건대, 곽광은 평양 사람이다. 평양은 지금의 진주 곽읍인데, 본래 진나라 때 곽백국이다. 한나라 때 체현彘縣이 되었고, 후한 때는 체를 고쳐서 영안永安이라고 했으며, 수나라에서 또 고쳐 곽읍이라고 했다. 두루 전기를 검사해 보아도 '백연'이란 명칭은 없다. 아마 '백체'가 이 향의 이름일 것이다.

一作白彘 案 霍光 平陽人 平陽今晉州霍邑 本秦時霍伯國 漢爲彘縣 後漢改彘曰
永安 隋又改爲霍邑 遍檢記傳 無白燕之名 疑白彘 是鄕之名

③ 嬰兒主영아주

[색은] 소제昭帝를 이른다.

謂昭帝也

④ 欲行車욕행거

[색은] 곽광이 정치를 쥐고 권력을 마음대로 하여 제령帝令을 핍박해서 수
레를 물러나게 하고 앞으로 가지 못하게 한 것과 같은 것을 말한다.

言霍光持政擅權 逼帝令如卻行車 使不前也

> 곽장군은 본래 평양의 백연에서 살았습니다. 신臣(저소손)이 낭이 되
> 었을 때 방사 고공考功①과 기정旗亭② 아래에서 만났는데, 신에게 이
> 런 말을 했습니다. 어찌 위대하지 않겠습니까?"③
>
> 霍將軍者 本居平陽白燕 臣爲郎時 與方士考功①會旗亭下② 爲臣言 豈不
> 偉哉③

① 方士考功방사고공

[정의] 나이가 들어 방사가 되어 최고의 공을 쌓은 것을 이른다.

謂年老爲方士最功也

② 會旗亭下회기정하

집해 〈서경부〉에 '주정오리'라고 했다. 설종은 "기정은 시루市樓이다. 기旗를 위에 세우는 것이다. 그러므로 이름을 취했다."라고 했다.

西京賦曰 族亭五里 薛綜曰 旗亭 市樓也 立旗於上 故取名焉

신주 설종薛綜은 삼국시대 오吳나라 사람으로 자는 경문敬文이다. 문장가로, 오나라 황제 손권孫權을 섬겼다. 그의 아들 설영薛瑩은 나중에 오나라가 진晉에 항복할 때 항복문서를 대신 썼다.

③ 豈不偉哉기불위재

색은 저선생은 대개 썩은 선비이다. 주객을 설명하면서 《시전》을 인용해 설契과 기棄는 아버지가 없다고 해놓고, 〈제계〉에 의거해 모두 제곡의 아들이라고 한 것이 이것이다. 끝에는 촉왕과 곽광을 인용했으니 끝내 무슨 일로 증거를 하고자 한 것인가? 말은 이치에 맞지 않고 정사正史를 더럽혀 놓고도 황폐하게 문득 '어찌 위대하지 않겠습니까?'라고 했으니 하나같이 어찌 속이는 것인가?

褚先生蓋腐儒也 設主客 引詩傳 云契棄無父 及據帝系皆帝嚳之子 是也 而末引蜀王霍光 竟欲證何事 而言之不經 蕪穢正史 輒云 豈不偉哉 一何誣也

신주 색은 주석에서 나무랐듯이, 저소손은 당시 유행한 참위설을 가지고 역사를 어지럽혔다.

색은술찬 사마정이 펼쳐서 밝히다.

고신씨의 후예가 크게 열릴 좋은 징조가 있었다. 자기를 수양하고 율무를 삼키면서 석뉴石紐에서 왕업을 일으켰다. 천명이 제비에게 일어나니 간적簡狄이 상나라를 낳았다. 강원이 발자국을 밟으니 왕업의 복이 창皆에게서 갈

라져 흘렀다. 모두 역운을 품었으나 서로 간에 흥망이 있었다. 풍류가 주공과 소공에게 남았고 성왕成王과 강왕康王 시대에 나라가 잘 다스려졌다. 체彘 땅으로 쫓겨난 이후 제후들은 날로 강해졌다.

高辛之胤 大啟禎祥 修己吞薏 石紐興王 天命玄鳥 簡秋生商 姜嫄履跡 祚流岐昌 俱膺歷運 互有興亡 風餘周召 刑措*成康 出彘之後 諸侯日彊

<u>**신주**</u> 형조刑措는 형벌을 쓰지 않는다는 말로, 정치가 잘 행해져 범법자가 없다는 것을 말한다.

[지도 1] 하夏·상商·주周 강역

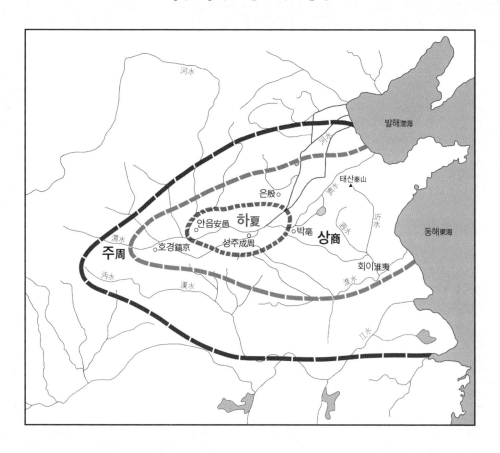

【참고문헌】

顧頡剛, 國史講話: 上古, 2015, 上海世紀出版股份

譚其驤, 中國歷史地圖集 第一冊, 1982, 中國社會科學院

사기 제14권 史記卷十四

십이제후연표 十二諸侯年表

십이제후연표 들어가기

〈십이제후연표〉는 위로 〈삼대세표〉에 이어진다. 주나라가 공화시대에 들어갈 때부터 시작되며 후에 견융에게 쫓겨 동쪽 낙양으로 옮기고 난 이후의 동주東周시대를 나타내는 표다. 이때부터 주나라의 천자 지위가 유명무실해지고 약육강식의 시대가 시작된다. 이른바 '춘추시대'다. 이 표는 주나라를 중심으로 대표적인 13국을 정리했다. 13국인데도 〈십이제후연표〉라고 표현한 것은 《춘추》에서 노나라를 기준으로 하여 12국을 나타낸 것을 본뜬 것이다.

이 표는 공화 원년(서기전 841)부터 주나라 경왕敬王 43년(서기전 477)까지 수록했기 때문에 공자가 노나라 은공 원년(서기전 722)부터 애공 14년(서기전 481)까지 엮은 《춘추》의 시기와 다르다. 보통 주 왕조가 낙양으로 천도하기 이전까지를 서주西周라고 부르고, 이후를 동주라고 부른다. 춘추시대라 하면 주 왕조가 낙양으로 천도한 후부터 서기전 403년 진晉나라가 한韓, 위魏, 조趙로 나뉘는 삼진분할三晉分割 때까지를 이른다. 사마천은 《춘추》의 절필과 공자의 죽음(정확히는 죽은 지 3년 후인 서기전 477년까지)을 기준 삼아 이 표를 작성했는데, 이는 그 자신이 '공화부터 공자에 이르렀다'라고 쓴 데서도 알 수 있다.

춘추시대에 접어들어 강자로 등장한 것은 북방의 제齊, 진晉, 진秦과 남방의 초楚, 오吳다. 이들은 다른 국가들에 비하여 외부로 뻗어나갈 공간이 있었기 때문에 강국이 될 수 있었다. 그에 비하여 노魯, 송宋, 정鄭, 위衛, 조

曹, 진陳, 채蔡 등 중원의 국가들은 한정된 영역에서 싸웠기 때문에 강자로 도약하기 어려웠고 끝내 주변 강국에 병탄되었다.

이 중 오나라는 춘추 말기에 갑자기 월越나라에 망한다. 오왕 부차가 실리를 무시하고 명분에 치우치다가 스러졌기 때문이다. 그 뒤를 이어 강동의 강자로 떠오른 월나라도 월왕 구천의 죽음 뒤에 현실에 안주하다 초나라의 일격을 받고 멸망했다.

신비한 것은 연燕나라이다. 춘추시대는 물론 전국시대 초까지 별다른 존재감이 없다가 중간에 갑자기 등장하기 때문이다. 이 표에서 사마천이 기록한 연나라가 과연 소공 석이 봉해진 북연北燕인지, 아니면 황제의 후손인 남연南燕인지조차 가늠하기 어렵다. 그 군주 시호를 보면 두 나라가 혼합된 것이 아닌지 의심을 갖게 한다. 그리고 처음 북연의 영역이 과연 어디였는지도 가늠하기 어렵다. 연나라는 그 중심이 지금의 북경 부근이어서 한국 고대사와 밀접한 관련이 있다. 이에 깊이 연구해야 할 가치가 있으나 한국에서 그 연구가 미흡한 것은 무척 안타까운 일이다.

〈십이제후연표〉는 사마천이 작성한 연표를 토대로 삼가주석을 모두 해석한 후 우리 관점의 신주를 달았다. 번역된 표만으로는 상하좌우로 군주들의 재위 연도를 비교하기 어려우니 신주는 《춘추》, 《춘추좌전》, 《국어》 등의 문헌과 비교하고, 현대 학계의 연구 성과도 가능한 수용해서 작성했다.

[색은] 살피건대, 12편이라 말했지만 실제 13편을 서술했는데, 이적夷狄을 천하게 여겨서 오吳를 세지 않았고 또 패霸를 뒤에 두었기 때문이다. 세지 않았지만 서술한 까닭은 합려闔閭가 패자가 되어서 상국과 맹세했기 때문이다.

案 篇言十二 實敍十三者 賤夷狄不數吳 又霸在後故也 不數而敍之者 闔閭霸盟 上國故也

[신주] 상국과 맹세한 것은 오왕 부차夫差이다.

태사공이 말한다

태사공이 《춘추역보첩》①을 읽다가 주나라 여왕의 시대에 이르러서 일찍이 책을 내던지고 탄식하지 않은 적이 없었다. 이에 말한다. "아아, 태사 지摯가 앞날을 예견했구나!"② 은나라 주왕紂王이 상아로 된 젓가락③을 만들자 기자는 나라가 망할 것을 슬퍼했다.④ 주나라 왕도가 줄어들자 시인은 부부생활을 근본으로 하여 관저關雎의 시를 지었다. 인의가 점점 쇠퇴하자 녹명鹿鳴의 시로 풍자했다.

太史公讀春秋歷譜諜① 至周厲王 未嘗不廢書而歎也 曰嗚呼 師摯見之矣②
紂爲象箸③而箕子唏④ 周道缺 詩人本之衽席 關雎作 仁義陵遲 鹿鳴刺焉

① 春秋歷譜諜춘추역보첩

[색은] 살피건대, 유묘가 말했다. "〈삼대세표〉는 옆으로 적어 내려가고 위에서 기울이니, 《주보》를 본받았다. 보첩譜諜은 주나라 때 시작되었다. 《한서》〈예문지〉에는 《고제왕보》가 있다. 또 예부터 《춘추》를 하는 학자들은 연역年曆과 보첩譜諜의 설을 가지고 있었다. 그러므로 두원개(두예)는 《춘추장력》과 《공자보》를 지었다. 아마 구설舊說에 기인한 것이므로 태사공이 얻어서

읽었을 것이다.”

案 劉杳云 三代系表旁行邪上 其放周譜 譜起周代 藝文志有古帝王譜 又自古爲
春秋學者 有年歷譜諜之說 故杜元凱作春秋長歷及公子譜 蓋因於舊說 故太史公
得讀焉也

② 師摯見之矣사지견지의

[집해] 정현이 말했다. “사지師摯는 태사의 이름이다. 주나라 도가 쇠미해지
고 정나라의 어지러운 음악이 일어나 정악正樂이 무너져 절도를 잃자 노나
라 태사 지摯가 관저의 성성(음악)을 알고 제일 먼저 그 어지러움을 다스려
야 한다고 했다.”

鄭玄曰 師摯 太師之名 周道衰微 鄭詹之音作 正樂廢而失節 魯太師摯識關雎之
聲 首理其亂也

③ 紂爲象箸주위상저

[색은] 추탄생과 유씨는 모두 箸를 ‘져[直慮反]’로 발음한다고 했는데, 곧 젓
가락이다. 지금 살피건대, 기자가 이르기를, “상아로 된 젓가락을 만드는 자
는 반드시 옥으로 된 술잔을 만들 것이다.”라고 한즉, 저箸란 곧 술잔이다.
발음은 ‘착[治略反]’이다.

鄒氏及劉氏皆音直慮反 即筯也 今案 箕子云 爲象箸者必爲玉桮 則箸者是樽也
音治略反

④ 箕子唏기자희

[색은] 희唏는 슬퍼 탄식하는 소리다. 발음은 ‘희[許旣反]’이며 또 ‘희希’로 발
음한다. 希는 또한 운율이다. 그러므로 기록에 이르기를, ‘부자가 한숨 쉬는

것이 심하다.'라고 했다. 또한 발음은 '희饎'이다.

唏 鳴歎聲 音許旣反 又音希 希亦聲餘 故記曰 夫子曰 嘻其甚也 亦音饎也

여왕 시대에 이르러 여왕은 자신의 실정을 듣기 싫어했다.① 이에 공경
들이 주살될까 두려워하였고, 재앙이 일어났다. 여왕은 마침내 체彘②
로 달아났고 난리는 경사京師에서 시작되었으며, (주정공과 소목공이) 공
화共和로 정사를 행하게 되었다. 이후로 혹은 힘의 정치가 행해져 강
자는 약자를 괴롭혔고, 군사를 일으키면서도 천자에게 허락을 요청하
지 않았다. 그리고 왕실의 의義(명분)에 기대어③ 토벌함으로써 회맹의
주인이 되려 하였다. 이에 정사는 오패五伯④에 의해 좌우되게 되었다.

及至厲王 以惡聞其過① 公卿懼誅而禍作 厲王遂奔于彘② 亂自京師始 而共
和行政焉 是後或力政 彊乘弱 興師不請天子 然挾③王室之義 以討伐爲會
盟主 政由五伯④

---

① 以惡聞其過이오문기과

색은 惡는 '오[烏故反]'이다. 過는 '과[古臥反]'이다. 그러므로《국어》에서 이
르기를, '여왕이 비방하는 것을 중지시키자 도로에서는 눈짓으로 했다.'라고
한 것이 이것이다.

惡 烏故反 過 古臥反 故國語云 厲王止謗 道路以目 是也

② 彘체

색은 체는 땅 이름이고 하동군에 있는데 뒤에 영안현이 되었다.

彘 地名 在河東 後爲永安縣也

③ 挾협

[색은] 挾의 발음은 '협協'이다.

挾音協也

④五伯오패

[색은] 伯은 '패霸'로 발음한다. 5패는 제환공, 진문공, 진목공, 송양공, 초장 왕이다.

伯音霸 五霸者 齊桓公晉文公秦穆公宋襄公楚莊王也

이에 제후들이 제멋대로 행동하고① 음란하고 사치스러우며 법도를 따르지 않았고, 불충한 신하와 아버지의 권세를 빼앗는 자식이 점점 일어났다. 제·진晉·진秦·초는 성주成周 시대에는 세력이 아주 미약 하여, 봉토가 혹은 100리이고 혹은 50리였다. 진晉나라는 삼하三河가 막아주고, 제나라는 동해를 등졌으며, 초나라는 강수江水와 회수淮水 사이에 끼었고,② 진秦나라는 옹주雍州의 견고함으로 인해 천하에서 번갈아 일어나 다시 패권의 주인이 되었다. 문왕과 무왕이 포상하고 크게 봉해주었던 나라들은 모두 두려워하여 굴복했다.

諸侯恣行① 淫侈不軌 賊臣簒子滋起矣 齊晉秦楚其在成周微甚 封或百里 或五十里 晉阻三河 齊負東海 楚介江淮② 秦因雍州之固 四海迭興 更爲伯 主 文武所襃大封 皆威而服焉

① 行행

발음은 '행[下孟反]'이다.

下孟反

② 楚介江淮초개강회

색은 介의 발음은 '계界'다. 초나라가 강수와 회수로 경계를 삼았다는 말이다. 일설에는 개介는 '협夾'의 뜻이라고 한다.

介音界 言楚以江淮爲界 一云介者夾也

이런 까닭으로 공자는 왕도를 밝히기 위해 70여 군주에게 등용되기를 간하였으나 그러하지 못했다. 그래서 서쪽 주나라 왕실을 관찰하고 역사의 기록과 예로부터 들은 것을 논하여, 노나라에서부터 시작하여 《춘추》를 편찬하였으니, 위로는 은공隱公에서부터 기록하여 아래로는 애공哀公이 기린을 잡은 때까지 이르렀다. 그 문장은 간략하여 그 번거롭고 중복된 것을 제거하였으며,[①] 의로운 법을 제정함으로써 왕도가 갖추어지고 인사가 두루 기록되었다. 이에 70명 제자들이 그 전한 뜻을 입으로 받았으니, 풍자하고 꾸짖고 비방하고 숨기고 억누르고 깎아내리는 문장들이 있었으나 책으로 써서 나타내지는 않았다. 노나라의 군자인 좌구명左丘明은 제자들마다 각자 단서가 달라서 각각 그의 뜻하는 바에 만족하여 그 진실을 잃을까봐 걱정했다. 그리하여 공자의 역사 기록에 의거해 구체적으로 그의 말을 논하여 《좌씨춘추》를 완성했다.

是以孔子明王道 幹七十餘君 莫能用 故西觀周室 論史記舊聞 興於魯而次

春秋 上記隱 下至哀之獲麟 約其辭文 去其煩重[1] 以制義法 王道備 人事浹

七十子之徒口受其傳指 爲有所刺譏襃諱挹損之文辭 不可以書見也 魯君

子左丘明懼弟子人人異端 各安其意 失其眞 故因孔子史記具論其語 成左

氏春秋

① 去其煩重거기번중

色은 文去重의 去는 음이 '거[羌呂反]'이고 重은 '충[逐龍反]'이다. 역사 기

록을 간략하게 하고 《춘추》를 짓고 그 중복된 문장을 제거했다는 말이다.

文去重 去 羌呂反 重 逐龍反 言約史記修春秋 去其重文也

탁초鐸椒는 초나라 위왕의 스승이 되었다. 그는 위왕이 《춘추》를 전부

살펴볼 수가 없다고 여기고 성공하고 실패한 것들만 채록해서 마침내

40장으로 엮어 《탁씨미》라고 했다. 조나라 효성왕 때, 그 재상인 우경

虞卿이 위로는 《춘추》에서 채록하고 아래로는 근세의 정세를 관찰해

또한 8편을 지어 《우씨춘추》라고 했다. 여불위는 진秦나라 장양왕의

재상이 되어 또한 위로는 옛날의 문물을 관찰하고 《춘추》에서 덜어

내고 습득해 6국시대의 사건들을 집합하여 8람·6론·12기로 《여씨춘

추》를 만들었다.

鐸椒爲楚威王傳 爲王不能盡觀春秋 採取成敗 卒四十章 爲鐸氏微^① 趙孝成王時 其相虞卿上采春秋 下觀近勢 亦著八篇 爲虞氏春秋^② 呂不韋者 秦莊襄王相 亦上觀尙古 刪拾春秋 集六國時事 以爲八覽六論十二紀 爲呂氏春秋

① 鐸氏微탁씨미

[색은] 탁초가 찬술한 것이다. 《탁씨미》라고 이름 지은 까닭은 《춘추》에는 숨겨진 은근한 문사가 있기 때문이다.

鐸椒所撰 名鐸氏微者 春秋有微婉之詞故也

② 虞氏春秋우씨춘추

[정의] 살피건대, 그 글은 8편인데 〈예문지〉에는 15편으로 되어 있으며 우경이 찬술했다.

案 其文八篇 藝文志云十五篇 虞卿撰

순경·맹자·공손고·한비와 같은 무리는[①] 각각 이따금씩 《춘추》의 문장을 취하고 습득하여 저서를 만들었는데, 다 기록하지 못한다. 한나라 재상 장창은 역보의 형식으로 오덕을 기록했고[②] 상대부 동중서는 《춘추》의 뜻을 추론해서 자못 문장을 드러냈다.[③]

及如荀卿孟子公孫固韓非[①]之徒 各往往捃撠春秋之文以著書 不同勝紀 漢相張蒼歷譜五德[②] 上大夫董仲舒推春秋義 頗著文焉[③]

① 荀卿孟子公孫固韓非순경맹자공손고한비

색은 순황·맹가·한비는 모두 저서에 자칭 '자子'라고 했다. 송나라에 공손고가 있었는데 저술한 것이 없다. 이 고固는 제나라 사람 한고韓固로, 《시경》에 전한다.

荀況孟軻韓非皆著書 自稱子 宋有公孫固 無所述 此固 齊人韓固 傳詩者

② 張蒼歷譜五德장창역보오덕

색은 살피건대, 장창은 《종시오덕전》을 저술했다.

案 張蒼著終始五德傳也

③ 董仲舒推春秋義 頗著文焉동중서추춘추의 파저문언

색은 《춘추번로》를 지은 것이 이것이다.

作春秋繁露是

태사공은 말한다.

"유학자는 그 뜻으로 재단하고 유세자들은 그 이야기에 기대지만, 그 끝 마치고 시작하는 것을 종합하는 데 힘쓰지 않는다. 역법曆法가는 그 연 월만을 취하고, 술수가術數家^①는 신통한 명운을 성대하게 하며^② 보첩 가는 오직 세대와 시호만을 기록했는데, 그 간략한 문장으로 여러 요 점과 얽힌 것^④을 한꺼번에 살피게 하고자 한다.^③ 이에 12제후의 보 첩을 기록하여 주나라 공화共和부터 공자에서 끝냈으며,《춘추》와《국 어》를 공부하는 학자들이 비평한 성대하고 쇠약해진 대강의 취지를 표로 나타내 이 편에 저술했다. 이는 학문을 이룩하고 고문을 연마하 는 자들^⑤을 위해 다듬어진 요점일 것이다."^⑥

太史公曰 儒者斷其義 馳說者騁其辭 不務綜其終始 曆人取其年月 數家^①隆 於神運^② 譜諜獨記世諡 其辭略 欲一觀^③諸要難^④ 於是譜十二諸侯 自共和 訖孔子 表見春秋國語學者所譏盛衰大指著于篇 爲成學治古文者^⑤要刪焉^⑥

① 數家수가

색은 앞의 발음은 '수[疏具反]'이다. 음양 술수의 가家를 이른 것이다.

上音疏具反 謂陰陽術數之家也

② 神運신운

집해 서광이 말했다. "다른 판본에는 運은 '통通'으로 되어 있다."

徐廣曰 一作通也

③　一觀일관

③　一觀일관

[색은]　觀의 발음은 '관官'이다

壹觀 音官

④　諸要難제요난

[색은]　아래글자 (難의) 발음은 '난[奴丹反]'이다.

下奴丹反

⑤　治古文者치고문자

[집해]　서광이 말했다. "일설에는 '치국문자'로 되어 있다고도 한다."

徐廣曰 一云治國聞者也

⑥　要刪焉요산언

[색은]　위성학치문자요산언爲成學治文者要刪焉이라고 했다. 《춘추》와 《국어》를 표로 나타내, 본래 학문을 이루려는 사람이 그 요점을 살피게 하고자 했다는 말이다. 그러므로 다듬어서 이 편을 만들었다는 뜻이다.

爲成學治文者要刪焉 言表見春秋國語 本爲成學之人欲覽其要 故刪爲此篇焉

십이제후연표

서기전 **841** 경신庚申	주周	공화 원년. 여왕의 아들이 소공의 궁에 살았는데, 이 사람이 선왕이다. 왕이 어려서 대신들이 함께 천자를 대신하여 정무를 행했다. 共和元年 厲王子居召公宮 是爲宣王 王少 大臣共和行政
		집해 서광이 말했다. "공화 원년인 경신년부터 경왕 43년 끝까지, 무릇 365년이다. 공화는 《춘추》 시작 119년 전에 있었다." 徐廣曰 自共和元年 歲在庚申 訖敬王四十三年 凡三百六十五年 共和在 春秋前一百一十九年
		색은 선왕이 어려서 주와 소 두 공이 함께 왕실을 도왔으므로 공화라고 한다. 선왕은 여왕의 아들인데, 서광이 말했다. "원년부터 경왕 43년 끝까지, 무릇 365년이다. 공화는 《춘추》 시작 119년 전에 있었다." 宣王少 周召二公共相王室 故曰共和 宣王 厲王之子也 徐氏云 元年至敬 王四十三年 凡三百六十五年 共和在春秋前一百一十九年也
	노魯	진공 비 15년. 일설에는 14년이라고도 한다. 真公濞 十五年 一云 十四年
		색은 《세본》에 '신공 지摯'라 했다. 추탄생본에는 '신공 비嚊'라 했다. 진공은 백금의 현손이다. 系本作慎公摯鄒誕本作慎公嚊 真公 伯禽之玄孫
	제齊	무공 수 10년 武公壽 十年
		색은 태공의 5대손이며 헌공의 아들이다. 송충이 말했다. "무공 10년, 선왕의 대신이 함께 행정하여 공화라고 부르며, 14년에 선왕이 즉위했다." 太公五代孫 獻公子也 宋衷曰 武公十年 宣王大臣共行政 號曰共 十四 年 宣王即位

진晉	정후 의구 18년 靖侯宜臼 十八年
	색은 당숙의 5대손이며 여후의 아들이다. 송충이 말했다. "당숙 이하 5대 까지 연기가 없다." 唐叔五代孫 厲侯之子也 宋衷曰 唐叔已下五代無年紀
진秦	진중 4년 秦仲 四年
	색은 비자의 증손이며 공백의 아들이다. 선왕이 명하여 대부로 삼았고, 서 융을 주벌했다. 非子曾孫 公伯之子 宣王命爲大夫 誅西戎也
초楚	웅용 7년 熊勇 七年
	색은 초나라는 (국성이) 미성이며, 죽웅의 후손인 관계로 '웅'을 씨로 했다. 웅용은 웅연의 아들이며 웅역의 11대손이다. 楚 羋姓 粥熊之後 因氏熊 熊勇 熊延之子 熊繹十一代孫
송宋	희공 18년 釐公 十八年
	색은 미중의 6대손이며 여공의 아들이다. 微仲六代孫 厲公之子也
위衛	희후 14년 釐侯 十四年
	색은 당숙의 7대손이며 경후의 아들이다. 경후가 주나라에 뇌물을 써서 비 로소 명하여 '후侯'가 되었다. 唐叔七代孫 頃侯之子 頃侯賂周 始命爲侯 신주 색은 주석에서는 '당숙唐叔'으로 기록하였으나 〈위강숙세가衛康叔世 家〉에는 '강숙康叔'으로 기록되어 있다.
진陳	유공 녕 14년 幽公寧 十四年
	색은 호공의 5대손이다. 胡公五代孫

채蔡	무후 23년 武侯 二十三年 색은 채중의 5대손이다. 蔡仲五代孫也	
조曹	이백 24년 夷伯 二十四年 색은 이름은 '희喜'이며 진탁의 6대손이다. 名喜 振鐸六代孫也	
정鄭		
연燕	혜후 24년 惠侯 二十四年 색은 소공 석의 9세손이다. 38년 재위했다. 召公奭九世孫也 立三十八年	
오吳		

서기전 **840**	주周	공화 2년 二
	노魯	진공 16년 十六
	제齊	무공 11년 十一
	진晉	진나라 희후 사도 원년 晉釐侯司徒元年
	진秦	진중 5년 五
	초楚	웅용 8년 八
	송宋	희공 19년 十九

	위衛	희후 15년 十五	
	진陳	유공 15년 十五	
	채蔡	무후 24년 二十四	
	조曹	이백 25년 二十五	
	정鄭		
	연燕	혜후 25년 二十五	
	오吳		
서기전 **839**	주周	공화 3년 三	
	노魯	진공 17년 十七	
	제齊	무공 12년 十二	
	진晉	희후 2년 二	
	진秦	진중 6년 六	
	초楚	웅용 9년 九	
	송宋	희공 20년 二十	
	위衛	희후 16년 十六	

진陳	유공 16년 十六	
채蔡	무후 25년 二十五	
조曹	이백 26년 二十六	
정鄭		
연燕	혜후 26년 二十六	
오吳		
서기전 **838**	주周	공화 4년 四
	노魯	진공 18년 十八
	제齊	무공 13년 十三
	진晉	희후 3년 三
	진秦	진중 7년 七
	초楚	웅용 10년 十
	송宋	희공 21년 二十一
	위衞	희후 17년 十七
	진陳	유공 17년 十七

	채蔡	무후 26년 二十六	
	조曹	이백 27년 二十七	
	정鄭		
	연燕	혜후 27년 二十七	
	오吳		
서기전 **837** 갑자甲子	주周	공화 5년 五	
	노魯	진공 19년 十九	
	제齊	무공 14년 十四	
	진晉	희후 4년 四	
	진秦	진중 8년 八	
	초楚	초나라 웅엄 원년 楚熊嚴元年	
	송宋	희공 22년 二十二	
	위衛	희후 18년 十八	
	진陳	유공 18년 十八	
	채蔡	채나라 이후 원년 蔡夷侯元年	

조曹	이백 28년 二十八	
정鄭		
연燕	혜후 28년 二十八	
오吳		
서기전 **836**	주周	공화 6년 六
	노魯	진공 20년 二十
	제齊	무공 15년 十五
	진晉	희후 5년 五
	진秦	진중 9년 九
	초楚	웅엄 2년 二
	송宋	희공 23년 二十三
	위衛	희후 19년 十九
	진陳	유공 19년 十九
	채蔡	이후 2년 二
	조曹	이백 29년 二十九

정鄭		
연燕	혜후 29년 二十九	
오吳		
서기전 **835**	주周	공화 7년 七
	노魯	진공 21년 二十一
	제齊	무공 16년 十六
	진晉	희후 6년 六
	진秦	진중 10년 十
	초楚	웅엄 3년 三
	송宋	희공 24년 二十四
	위衞	희후 20년 二十
	진陳	유공 20년 二十
	채蔡	이후 3년 三
	조曹	이백 30년 三十
	정鄭	
	연燕	혜후 30년 三十

	오吳	
서기전 **834**	주周	공화 8년 八
	노魯	진공 22년 二十二
	제齊	무공 17년 十七
	진晉	희후 7년 七
	진秦	진중 11년 十一
	초楚	웅엄 4년 四
	송宋	희공 25년 二十五
	위衛	희후 21년 二十一
	진陳	유공 21년 二十一
	채蔡	이후 4년 四
	조曹	조나라 유백 강 원년 曹幽伯彊元年
	정鄭	
	연燕	혜후 31년 三十一
	오吳	
서기전 **833**	주周	공화 9년 九

노魯	진공 23년 二十三	
제齊	무공 18년 十八	
진晉	희후 8년 八	
진秦	진중 12년 十二	
초楚	웅엄 5년 五	
송宋	희공 26년 二十六	
위衛	희후 22년 二十二	
진陳	유공 22년 二十二	
채蔡	이후 5년 五	
조曹	유백 2년 二	
정鄭		
연燕	혜후 32년 三十二	
오吳		
서기전 **832**	주周	공화 10년 十
	노魯	진공 24년 二十四

제齊	무공 19년 十九	
진晉	희후 9년 九	
진秦	진중 13년 十三	
초楚	웅엄 6년 六	
송宋	희공 27년 二十七	
위衛	희후 23년 二十三	
진陳	유공 23년 二十三	
채蔡	이후 6년 六	
조曹	유백 3년 三	
정鄭		
연燕	혜후 33년 三十三	
오吳		
서기전 **831**	주周	공화 11년 十一
	노魯	진공 25년 二十五
	제齊	무공 20년 二十

진晉	희후 10년 十	
진秦	진중 14년 十四	
초楚	웅엄 7년 七	
송宋	희공 28년 二十八	
위衞	희후 24년 二十四	
진陳	진나라 희공 효 원년 陳釐公孝元年	
채蔡	이후 7년 七	
조曹	유백 4년 四	
정鄭		
연燕	혜후 34년 三十四	
오吳		
서기전 830	**주周**	공화 12년 十二
	노魯	진공 26년 二十六
	제齊	무공 21년 二十一
	진晉	희후 11년 十一

진秦	진중 15년 十五	
초楚	웅엄 8년 八	
송宋	송나라 혜공 한 원년 宋惠公覵元年 색은 覵의 발음은 '한閑'이다. 또 발음은 '한[下板反]'이다. 覵音閑 又音下板反	
위衛	희후 25년 二十五	
진陳	희공 2년 二	
채蔡	이후 8년 八	
조曹	유백 5년 五	
정鄭		
연燕	혜후 35년 三十五	
오吳		
서기전 **829**	주周	공화 13년 十三
	노魯	진공 27년 二十七
	제齊	무공 22년 二十二
	진晉	희후 12년 十二

진秦	진중 16년 十六	
초楚	웅엄 9년 九	
송宋	혜공 2년 二	
위衞	희후 26년 二十六	
진陳	희공 3년 三	
채蔡	이후 9년 九	
조曹	유백 6년 六	
정鄭		
연燕	혜후 36년 三十六	
오吳		
서기전 **828**	주周	공화 14년. 선왕이 즉위하고 공화가 끝났다. 十四 宣王即位 共和罷 색은 두 재상이 정치를 돌려주고 선왕이 원년이라 일컬었다. 二相還政 宣王稱元年也 신주 두 재상은 주정공周定公과 소목공召穆公이다.
	노魯	진공 28년 二十八
	제齊	무공 23년 二十三
	진晉	희후 13년 十三

진秦	진중 17년 十七	
초楚	웅엄 10년 十	
송宋	혜공 3년 三	
위衛	희후 27년 二十七	
진陳	희공 4년 四	
채蔡	이후 10년 十	
조曹	유백 7년 七	
정鄭		
연燕	혜후 37년 三十七	
오吳		
서기전 **827** 갑술甲戌	주周	선왕 원년 宣王元年
	노魯	진공 29년 二十九
	제齊	무공 24년 二十四
	진晉	희후 14년 十四
	진秦	진중 18년 十八

초楚	초나라 웅상 원년 楚熊霜元年	
송宋	혜공 4년 四	
위衛	희후 28년 二十八	
진陳	희공 5년 五	
채蔡	이후 11년 十一	
조曹	유백 8년 八	
정鄭		
연燕	혜후 38년 三十八	
오吳		
서기전 **826**	주周	선왕 2년 二
	노魯	진공 30년 三十
	제齊	무공 25년 二十五
	진晉	희후 15년 十五
	진秦	진중 19년 十九
	초楚	웅상 2년 二

송宋	혜공 5년 五	
위衛	희후 29년 二十九	
진陳	희공 6년 六	
채蔡	이후 12년 十二	
조曹	유백 9년 九	
정鄭		
연燕	연나라 희후 장 원년 燕釐侯莊元年	
	색은 서광은 한 판본에 '장莊' 자가 없다고 한다. 살피건대, 연나라는 연기 年紀와 이름을 잃었다. 여기서 '莊'이라고 말한 것은 덧붙여진 글자다. 徐廣云一無莊字 案 燕失年紀及名 此言莊者 衍字也	
오吳		
서기전 **825**	주周	선왕 3년 三
	노魯	노나라 무공 오 원년 魯武公敖元年
	제齊	무공 26년 二十六
	진晉	희후 16년 十六
	진秦	진중 20년 二十
	초楚	웅상 3년 三

송宋	혜공 6년 六	
위衛	희후 30년 三十	
진陳	희공 7년 七	
채蔡	이후 13년 十三	
조曹	조나라 대백 선 원년 曹戴伯鮮元年 신주 〈조세가〉에는 이름을 '소蘇'라 한다.	
정鄭		
연燕	희후 2년 二	
오吳		
서기전 **824**	주周	선왕 4년 四
	노魯	무공 2년 二
	제齊	제나라 여공 무기 원년 齊厲公無忌元年
	진晉	희후 17년 十七
	진秦	진중 21년 二十一
	초楚	웅상 4년 四

송宋	혜공 7년 七	
위衛	희후 31년 三十一	
진陳	희공 8년 八	
채蔡	이후 14년 十四	
조曹	대백 2년 二	
정鄭		
연燕	희후 3년 三	
오吳		
서기전 **823**	주周	선왕 5년 五
	노魯	무공 3년 三
	제齊	여공 2년 二
	진晉	희후 18년 十八
	진秦	진중 22년 二十二
	초楚	웅상 5년 五
	송宋	혜공 8년 八

위衛	희후 32년 三十二	
진陳	희공 9년 九	
채蔡	이후 15년 十五	
조曹	대백 3년 三	
정鄭		
연燕	희후 4년 四	
오吳		
서기전 **822**	주周	선왕 6년 六
	노魯	무공 4년 四
	제齊	여공 3년 三
	진晉	진나라 헌후 적 원년 晉獻侯籍元年
	진秦	진중 23년 二十三
	초楚	웅상 6년 六
	송宋	혜공 9년 九
	위衛	희후 33년 三十三

진陳	희공 10년 十	
채蔡	이후 16년 十六	
조曹	대백 4년 四	
정鄭		
연燕	희후 5년 五	
오吳		
서기전 **821**	주周	선왕 7년 七
	노魯	무공 5년 五
	제齊	여공 4년 四
	진晉	헌후 2년 二
	진秦	진나라 장공 기 원년 秦莊公其元年 색은 '기其'는 이름이라고 했는데, 살피건대 진나라의 선대는 공공과 아울러 이름을 기재하지 않았으므로 아마 기는 이름이 아닐 것이다. 其 名也 案 秦之先公並不記名 恐其非名
	초楚	초나라 웅순 원년 楚熊徇元年
	송宋	혜공 10년 十
	위衛	희후 34년 三十四

	진陳	희공 11년 十一
	채蔡	이후 17년 十七
	조曹	대백 5년 五
	정鄭	
	연燕	희후 6년 六
	오吳	
서기전 **820**	주周	선왕 8년 八
	노魯	무공 6년 六
	제齊	여공 5년 五
	진晉	헌후 3년 三
	진秦	장공 2년 二
	초楚	웅순 2년 二
	송宋	혜공 11년 十一
	위衛	희후 35년 三十五
	진陳	희공 12년 十二

	채蔡	이후 18년 十八	
	조曹	대백 6년 六	
	정鄭		
	연燕	희후 7년 七	
	오吳		
서기전 **819**	주周	선왕 9년 九	
	노魯	무공 7년 七	
	제齊	여공 6년 六	
	진晉	헌후 4년 四	
	진秦	장공 3년 三	
	초楚	웅순 3년 三	
	송宋	혜공 12년 十二	
	위衛	희후 36년 三十六	
	진陳	희공 13년 十三	
	채蔡	이후 19년 十九	

	조曹	대백 7년 七
	정鄭	
	연燕	희후 8년 八
	오吳	
서기전 **818**	주周	선왕 10년 十
	노魯	무공 8년 八
	제齊	여공 7년 七
	진晉	헌후 5년 五
	진秦	장공 4년 四
	초楚	웅순 4년 四
	송宋	혜공 13년 十三
	위衛	희후 37년 三十七
	진陳	희공 14년 十四
	채蔡	이후 20년 二十
	조曹	대백 8년 八

	정鄭	
	연燕	희후 9년 九
	오吳	
서기전 **817** 갑신甲申	주周	선왕 11년 十一
	노魯	무공 9년 九
	제齊	여공 8년 八
	진晉	헌후 6년 六
	진秦	장공 5년 五
	초楚	웅순 5년 五
	송宋	혜공 14년 十四
	위衞	희후 38년 三十八
	진陳	희공 15년 十五
	채蔡	이후 21년 二十一
	조曹	대백 9년 九
	정鄭	

연燕	희후 10년 十	
오吳		

서기전 **816**	주周	선왕 12년 十二
	노魯	무공 10년 十
	제齊	여공 9년 九
	진晉	헌후 7년 七
	진秦	장공 6년 六
	초楚	웅순 6년 六
	송宋	혜공 15년 十五
	위衛	희후 39년 三十九
	진陳	희공 16년 十六
	채蔡	이후 22년 二十二
	조曹	대백 10년 十
	정鄭	
	연燕	희후 11년 十一

	오吳	
서기전 **815**	주周	선왕 13년 十三
	노魯	노나라 의공 희 원년 魯懿公戲元年
	제齊	제나라 문공 적 원년 齊文公赤元年
	진晉	헌후 8년 八
	진秦	장공 7년 七
	초楚	웅순 7년 七
	송宋	혜공 16년 十六
	위衛	희후 40년 四十
	진陳	희공 17년 十七
	채蔡	이후 23년 二十三
	조曹	대백 11년 十一
	정鄭	
	연燕	희후 12년 十二
	오吳	

서기전 **814**	주周	선왕 14년 十四
	노魯	의공 2년 二
	제齊	문공 2년 二
	진晉	헌후 9년 九
	진秦	장공 8년 八
	초楚	웅순 8년 八
	송宋	혜공 17년 十七
	위衞	희후 41년 四十一
	진陳	희공 18년 十八
	채蔡	이후 24년 二十四
	조曹	대백 12년 十二
	정鄭	
	연燕	희후 13년 十三
	오吳	
서기전 **813**	주周	선왕 15년 十五

노魯	의공 3년 三	
제齊	문공 3년 三	
진晉	헌후 10년 十	
진秦	장공 9년 九	
초楚	웅순 9년 九	
송宋	혜공 18년 十八	
위衞	희후 42년 四十二	
진陳	희공 19년 十九	
채蔡	이후 25년 二十五	
조曹	대백 13년 十三	
정鄭		
연燕	희후 14년 十四	
오吳		
서기전 **812**	주周	선왕 16년 十六
	노魯	의공 4년 四

제齊	문공 4년 四	
진晉	헌후 11년 十一	
진秦	장공 10년 十	
초楚	웅순 10년 十	
송宋	혜공 19년 十九	
위衞	위나라 무공 화 원년 衞武公和元年	
진陳	희공 20년 二十	
채蔡	이후 26년 二十六	
조曹	대백 14년 十四	
정鄭		
연燕	희후 15년 十五	
오吳		
서기전 **811**	주周	선왕 17년 十七
	노魯	의공 5년 五
	제齊	문공 5년 五

진晉	목후 불생 원년 穆侯弗生元年	
	색은 진목공 생生이다. 살피건대, 〈진세가〉에 이름을 비생費生이라 했는데, 간혹 '비생濟生'으로도 되어 있다. 《세본》에 이름을 '불생弗生'이라 하니, 즉 생生이 곧 목공의 이름이다. 晉穆公生 案 系家名費生 或作濟生 系本名弗生 則生是穆公名	
진秦	장공 11년 十一	
초楚	웅순 11년 十一	
송宋	혜공 20년 二十	
위衞	무공 2년 二	
진陳	희공 21년 二十一	
채蔡	이후 27년 二十七	
조曹	대백 15년 十五	
정鄭		
연燕	희후 16년 十六	
오吳		
서기전 **810**	주周	선왕 18년 十八
	노魯	의공 6년 六

제齊	문공 6년 六	
진晉	목후 2년 二	
진秦	장공 12년 十二	
초楚	웅순 12년 十二	
송宋	혜공 21년 二十一	
위衛	무공 3년 三	
진陳	희공 22년 二十二	
채蔡	이후 28년 二十八	
조曹	대백 16년 十六	
정鄭		
연燕	희후 17년 十七	
오吳		
서기전 **809**	주周	선왕 19년 十九
	노魯	의공 7년 七
	제齊	문공 7년 七

	진晉	목후 3년 三
	진秦	장공 13년 十三
	초楚	웅순 13년 十三
	송宋	혜공 22년 二十二
	위衞	무공 4년 四
	진陳	희공 23년 二十三
	채蔡	채나라 희후 소사 원년 蔡釐侯所事元年 색은 채나라 희후 '소所'이며, 살피건대, 〈관채세가〉에서 희후의 이름을 '소사所事'라고 했다. 蔡釐侯所 案 系家釐侯名所事
	조曹	대백 17년 十七
	정鄭	
	연燕	희후 18년 十八
	오吳	
서기전 **808**	주周	선왕 20년 二十
	노魯	의공 8년 八
	제齊	문공 8년 八

	진晉	목후 4년. 제나라 여인을 취해 부인으로 삼았다. 四 取齊女爲夫人	
	진秦	장공 14년 十四	
	초楚	웅순 14년 十四	
	송宋	혜공 23년 二十三	
	위衞	무공 5년 五	
	진陳	희공 24년 二十四	
	채蔡	희후 2년 二	
	조曹	대백 18년 十八	
	정鄭		
	연燕	희후 19년 十九	
	오吳		
서기전 **807** 갑오甲午	주周	선왕 21년 二十一	
	노魯	의공 9년 九	
	제齊	문공 9년 九	
	진晉	목후 5년 五	

진秦	장공 15년 十五	
초楚	웅순 15년 十五	
송宋	혜공 24년 二十四	
위衛	무공 6년 六	
진陳	희공 25년 二十五	
채蔡	희후 3년 三	
조曹	대백 19년 十九	
정鄭		
연燕	희후 20년 二十	
오吳		
서기전 **806**	주周	선왕 22년 二十二
	노魯	노나라 효공 칭 원년. 백어가 즉위하여 군주가 되었는데, 칭이 여러 공자들에게 거론되었다. 백어는 무공의 손자다. 魯孝公稱元年 伯御立爲君 稱爲諸公子云 伯御 武公孫
	제齊	문공 10년 十
	진晉	목후 6년 六
	진秦	장공 16년 十六

초楚	웅순 16년 十六	
송宋	혜공 25년 二十五	
위衛	무공 7년 七	
진陳	희공 26년 二十六	
채蔡	희후 4년 四	
조曹	대백 20년 二十	
정鄭	정나라 환공 우 원년. 처음 봉해졌다. 주나라 선왕의 동복 아우다. 鄭桓公友元年 始封 周宣王母弟 색은 선왕의 모제(동복 아우)다. 선왕 22년에 정나라에 봉하여 36년 재위했으며, 유왕과 함께 견융의 난리에 죽었다. 宣王母弟 宣王二十二年封之鄭 立三十六年 與幽王俱死犬戎之難也	
연燕	희후 21년 二十一	
오吳		
서기전 **805**	주周	선왕 23년 二十三
	노魯	효공 2년 二
	제齊	문공 11년 十一
	진晉	목후 7년. 조條를 정벌하고 태자 구仇를 낳았다. 七 以伐條生太子仇

진秦	장공 17년 十七	
초楚	웅순 17년 十七	
송宋	혜공 26년 二十六	
위衞	무공 8년 八	
진陳	희공 27년 二十七	
채蔡	희후 5년 五	
조曹	대백 21년 二十一	
정鄭	환공 2년 二	
연燕	희후 22년 二十二	
오吳		
서기전 **804**	주周	선왕 24년 二十四
	노魯	효공 3년 三
	제齊	문공 12년 十二
	진晉	목후 8년 八
	진秦	장공 18년 十八

	초楚	웅순 18년 十八
	송宋	혜공 27년 二十七
	위衛	무공 9년 九
	진陳	희공 28년 二十八
	채蔡	희후 6년 六
	조曹	대백 22년 二十二
	정鄭	환공 3년 三
	연燕	희후 23년 二十三
	오吳	
서기전 **803**	주周	선왕 25년 二十五
	노魯	효공 4년 四
	제齊	제나라 성공 설 원년 齊成公說元年 색은 〈제태공세가〉에는 설을 '탈'이라 썼다. 系家說作脫
	진晉	목후 9년 九
	진秦	장공 19년 十九

초楚	웅순 19년 十九	
송宋	혜공 28년 二十八	
위衛	무공 10년 十	
진陳	희공 29년 二十九	
채蔡	희후 7년 七	
조曹	대백 23년 二十三	
정鄭	환공 4년 四	
연燕	희후 24년 二十四	
오吳		
서기전 **802**	주周	선왕 26년 二十六
	노魯	효공 5년 五
	제齊	성공 2년 二
	진晉	목후 10년. 천무를 쳐서 싸웠다. 구의 아우 성사成師를 낳았다. 두 아들의 이름이 반대로 되었고, 군자가 그것을 나무랐다. 나중 에 어지러워졌다. 十 以千畝戰 生仇弟成師 二子名反 君子譏之 後亂
	진秦	장공 20년 二十

	초楚	웅순 20년 二十
	송宋	혜공 29년 二十九
	위衛	무공 11년 十一
	진陳	희공 30년 三十
	채蔡	희후 8년 八
	조曹	대백 24년 二十四
	정鄭	환공 5년 五
	연燕	희후 25년 二十五
	오吳	
서기전 **801**	주周	선왕 27년 二十七
	노魯	효공 6년 六
	제齊	성공 3년 三
	진晉	목후 11년 十一
	진秦	장공 21년 二十一

초楚	웅순 21년 二十一	
송宋	혜공 30년 三十	
위衞	무공 12년 十二	
진陳	희공 31년 三十一	
채蔡	희후 9년 九	
조曹	대백 25년 二十五	
정鄭	환공 6년 六	
연燕	희후 26년 二十六	
오吳		
서기전 **800**	주周	선왕 28년 二十八
	노魯	효공 7년 七
	제齊	성공 4년 四
	진晉	목후 12년 十二
	진秦	장공 22년 二十二
	초楚	웅순 22년 二十二

송宋	혜공 31년. 송나라 혜공이 죽었다. 三十一 宋惠公薨 **신주** 송애공이 혜공을 이어 즉위했는데, 곧바로 죽었다.	
위衛	무공 13년 十三	
진陳	희공 32년 三十二	
채蔡	희후 10년 十	
조曹	대백 26년 二十六	
정鄭	환공 7년 七	
연燕	희후 27년 二十七	
오吳		
서기전 **799**	주周	선왕 29년 二十九
	노魯	효공 8년 八
	제齊	성공 5년 五
	진晉	목후 13년 十三
	진秦	장공 23년 二十三
	초楚	초나라 웅악 원년 楚熊鄂元年

송宋	송나라 대공이 즉위했다. 원년 宋戴公立 元年	
위衛	무공 14년 十四	
진陳	희공 33년 三十三	
채蔡	희후 11년 十一	
조曹	대백 27년 二十七	
정鄭	환공 8년 八	
연燕	희후 28년 二十八	
오吳		
서기전 **798**	주周	선왕 30년 三十
	노魯	효공 9년 九
	제齊	성공 6년 六
	진晉	목후 14년 十四
	진秦	장공 24년 二十四
	초楚	웅악 2년 二
	송宋	대공 2년 二

위衞	무공 15년 十五	
진陳	희공 34년 三十四	
채蔡	희후 12년 十二	
조曹	대백 28년 二十八	
정鄭	환공 9년 九	
연燕	희후 29년 二十九	
오吳		
서기전 **797** 갑진甲辰	주周	선왕 31년 三十一
	노魯	효공 10년 十
	제齊	성공 7년 七
	진晉	목후 15년 十五
	진秦	장공 25년 二十五
	초楚	웅악 3년 三
	송宋	대공 3년 三
	위衞	무공 16년 十六

진陳	희공 35년 三十五	
채蔡	희후 13년 十三	
조曹	대백 29년 二十九	
정鄭	환공 10년 十	
연燕	희후 30년 三十	
오吳		
서기전 **796**	주周	선왕 32년 三十二
	노魯	효공 11년. 주 선왕이 백어를 죽이고 그 아우 칭稱을 세웠으니, 이 사람이 효공이다. 十一 周宣王誅伯御 立其弟稱 是爲孝公
	제齊	성공 8년 八
	진晉	목후 16년 十六
	진秦	장공 26년 二十六
	초楚	웅악 4년 四
	송宋	대공 4년 四
	위衛	무공 17년 十七

진陳	희공 36년 三十六	
채蔡	희후 14년 十四	
조曹	대백 30년 三十	
정鄭	환공 11년 十一	
연燕	희후 31년 三十一	
오吳		
서기전 **795**	주周	선왕 33년 三十三
	노魯	효공 12년 十二
	제齊	성공 9년 九
	진晉	목후 17년 十七
	진秦	장공 27년 二十七
	초楚	웅악 5년 五
	송宋	대공 5년 五
	위衛	무공 18년 十八
	진陳	진나라 무공 영 원년 陳武公靈元年

	채蔡	희후 15년 十五
	조曹	조나라 혜백 치 원년 曹惠伯雉元年 색은 다른 판본에는 이름을 '시兕'라고 한다. 一作兕
	정鄭	환공 12년 十二
	연燕	희후 32년 三十二
	오吳	
서기전 **794**	주周	선왕 34년 三十四
	노魯	효공 13년 十三
	제齊	제나라 장공 속 원년 齊莊公贖元年 색은 유씨는 贖의 발음을 '속[神欲反]'이라 했다. 〈제태공세가〉와 《세본》에는 아울러 이름을 '구購'라 했다. 劉氏音神欲反 系家及系本並作購
	진晉	목후 18년 十八
	진秦	장공 28년 二十八
	초楚	웅악 6년 六
	송宋	대공 6년 六

위衛	무공 19년 十九	
진陳	무공 2년 二	
채蔡	희후 16년 十六	
조曹	혜백 2년 二	
정鄭	환공 13년 十三	
연燕	희후 33년 三十三	
오吳		
서기전 **793**	주周	선왕 35년 三十五
	노魯	효공 14년 十四
	제齊	장공 2년 二
	진晉	목후 19년 十九
	진秦	장공 29년 二十九
	초楚	웅악 7년 七
	송宋	대공 7년 七
	위衛	무공 20년 二十

	진陳	무공 3년 三
	채蔡	희후 17년 十七
	조曹	혜백 3년 三
	정鄭	환공 14년 十四
	연燕	희후 34년 三十四
	오吳	
서기전 **792**	주周	선왕 36년 三十六
	노魯	효공 15년 十五
	제齊	장공 3년 三
	진晉	목후 20년 二十
	진秦	장공 30년 三十
	초楚	웅악 8년 八
	송宋	대공 8년 八
	위衛	무공 21년 二十一
	진陳	무공 4년 四

채蔡	희후 18년 十八	
조曹	혜백 4년 四	
정鄭	환공 15년 十五	
연燕	희후 35년 三十五	
오吳		
서기전 **791**	주周	선왕 37년 三十七
	노魯	효공 16년 十六
	제齊	장공 4년 四
	진晉	목후 21년 二十一
	진秦	장공 31년 三十一
	초楚	웅악 9년 九
	송宋	대공 9년 九
	위衛	무공 22년 二十二
	진陳	무공 5년 五
	채蔡	희후 19년 十九

조曹	혜백 5년 五	
정鄭	환공 16년 十六	
연燕	희후 36년 三十六	
오吳		
서기전 790	주周	선왕 38년 三十八
	노魯	효공 17년 十七
	제齊	장공 5년 五
	진晉	목후 22년 二十二
	진秦	장공 32년 三十二
	초楚	초나라 약오 원년 楚若敖元年 색은 웅악의 아들 웅의이며 약오라고 불렀다. 熊鄂子熊儀也 號若敖也
	송宋	대공 10년 十
	위衞	무공 23년 二十三
	진陳	무공 6년 六
	채蔡	희후 20년 二十

조曹	혜백 6년 六	
정鄭	환공 17년 十七	
연燕	연나라 경후 원년 燕頃侯元年	
오吳		
서기전 **789**	주周	선왕 39년 三十九
	노魯	효공 18년 十八
	제齊	장공 6년 六
	진晉	목후 23년 二十三
	진秦	장공 33년 三十三
	초楚	약오 2년 二
	송宋	대공 11년 十一
	위衞	무공 24년 二十四
	진陳	무공 7년 七
	채蔡	희후 21년 二十一
	조曹	혜백 7년 七

정鄭	환공 18년 十八	
연燕	경후 2년 二	
오吳		
서기전 **788**	주周	선왕 40년 四十
	노魯	효공 19년 十九
	제齊	장공 7년 七
	진晉	목후 24년 二十四
	진秦	장공 34년 三十四
	초楚	약오 3년 三
	송宋	대공 12년 十二
	위衞	무공 25년 二十五
	진陳	무공 8년 八
	채蔡	희후 22년 二十二
	조曹	혜백 8년 八
	정鄭	환공 19년 十九

	연燕	경후 3년 三	
	오吳		
서기전 **787** 갑인甲寅	**주**周	선왕 41년 四十一	
	노魯	효공 20년 二十	
	제齊	장공 8년 八	
	진晉	목후 25년 二十五	
	진秦	장공 35년 三十五	
	초楚	약오 4년 四	
	송宋	대공 13년 十三	
	위衛	무공 26년 二十六	
	진陳	무공 9년 九	
	채蔡	희후 23년 二十三	
	조曹	혜백 9년 九	
	정鄭	환공 20년 二十	
	연燕	경후 4년 四	

	오吳	
서기전 **786**	주周	선왕 42년 四十二
	노魯	효공 21년 二十一
	제齊	장공 9년 九
	진晉	목후 26년 二十六
	진秦	장공 36년 三十六
	초楚	약오 5년 五
	송宋	대공 14년 十四
	위衞	무공 27년 二十七
	진陳	무공 10년 十
	채蔡	희후 24년 二十四
	조曹	혜백 10년 十
	정鄭	환공 21년 二十一
	연燕	경후 5년 五
	오吳	

서기전 **785**	주周	선왕 43년 四十三
	노魯	효공 22년 二十二
	제齊	장공 10년 十
	진晉	목후 27년. 목후가 죽고, 아우 상숙이 스스로 즉위했으며, 태자 구는 탈출해 달아났다. 二十七 穆侯卒 弟殤叔自立 太子仇出奔
	진秦	장공 37년 三十七
	초楚	약오 6년 六
	송宋	대공 15년 十五
	위衞	무공 28년 二十八
	진陳	무공 11년 十一
	채蔡	희후 25년 二十五
	조曹	혜백 11년 十一
	정鄭	환공 22년 二十二
	연燕	경후 6년 六
	오吳	

서기전 **784**	주周	선왕 44년 四十四
	노魯	효공 23년 二十三
	제齊	장공 11년 十一
	진晉	진나라 상숙 원년 晉殤叔元年
	진秦	장공 38년 三十八
	초楚	약오 7년 七
	송宋	대공 16년 十六
	위衛	무공 29년 二十九
	진陳	무공 12년 十二
	채蔡	희후 26년 二十六
	조曹	혜백 12년 十二
	정鄭	환공 23년 二十三
	연燕	경후 7년 七
	오吳	
서기전 **783**	주周	선왕 45년 四十五

노魯	효공 24년 二十四	
제齊	장공 12년 十二	
진晉	상숙 2년 二	
진秦	장공 39년 三十九	
초楚	약오 8년 八	
송宋	대공 17년 十七	
위衞	무공 30년 三十	
진陳	무공 13년 十三	
채蔡	희후 27년 二十七	
조曹	혜백 13년 十三	
정鄭	환공 24년 二十四	
연燕	경후 8년 八	
오吳		
서기전 **782**	주周	선왕 46년 四十六
	노魯	효공 25년 二十五

제齊	장공 13년 十三	
진晉	상숙 3년 三	
진秦	장공 40년 四十	
초楚	약오 9년 九	
송宋	대공 18년 十八	
위衛	무공 31년 三十一	
진陳	무공 14년 十四	
채蔡	희후 28년 二十八	
조曹	혜백 14년 十四	
정鄭	환공 25년 二十五	
연燕	경후 9년 九	
오吳		
서기전 **781**	주周	유왕 원년 幽王元年
	노魯	효공 26년 二十六
	제齊	장공 14년 十四

진晉	상숙 4년. 구가 상숙을 공격해 죽이고, 즉위하여 문후가 되었다. 四 仇攻殺殤叔 立爲文侯
진秦	장공 41년 四十一
초楚	약오 10년 十
송宋	대공 19년 十九
위衛	무공 32년 三十二
진陳	무공 15년 十五
채蔡	희후 29년 二十九
조曹	혜백 15년 十五
정鄭	환공 26년 二十六
연燕	경후 10년 十
오吳	
서기전 780	**주周**	유왕 2년. 삼천 땅에 지진이 났다. 二 三川震
	노魯	효공 27년 二十七
	제齊	장공 15년 十五
	진晉	진나라 문후 구 원년 晉文侯仇元年

진秦	장공 42년 四十二	
초楚	약오 11년 十一	
송宋	대공 20년 二十	
위衛	무공 33년 三十三	
진陳	진나라 이공 열 원년 陳夷公說元年	
채蔡	희후 30년 三十	
조曹	혜백 16년 十六	
정鄭	환공 27년 二十七	
연燕	경후 11년 十一	
오吳		
서기전 **779**	주周	유왕 3년. 왕이 포사를 취했다. 三 王取褒姒
	노魯	효공 28년 二十八
	제齊	장공 16년 十六
	진晉	문후 2년 二
	진秦	장공 43년 四十三

초楚	약오 12년 十二	
송宋	대공 21년 二十一	
위衛	무공 34년 三十四	
진陳	이공 2년 二	
채蔡	희후 31년 三十一	
조曹	혜백 17년 十七	
정鄭	환공 28년 二十八	
연燕	경후 12년 十二	
오吳		
서기전 **778**	주周	유왕 4년 四
	노魯	효공 29년 二十九
	제齊	장공 17년 十七
	진晉	문후 3년 三
	진秦	장공 44년 四十四
	초楚	약오 13년 十三

송宋	대공 22년 二十二	
위衛	무공 35년 三十五	
진陳	이공 3년 三	
채蔡	희후 32년 三十二	
조曹	혜백 18년 十八	
정鄭	환공 29년 二十九	
연燕	경후 13년 十三	
오吳		
서기전 **777** 갑자甲子	주周	유왕 5년 五
	노魯	효공 30년 三十
	제齊	장공 18년 十八
	진晉	문후 4년 四
	진秦	진나라 양공 원년 秦襄公元年
	초楚	약오 14년 十四
	송宋	대공 23년 二十三

위衛	무공 36년 三十六	
진陳	진나라 평공 섭 원년 陳平公燮元年	
채蔡	희후 33년 三十三	
조曹	혜백 19년 十九	
정鄭	환공 30년 三十	
연燕	경후 14년 十四	
오吳		
서기전 **776**	주周	유왕 6년 六
	노魯	효공 31년 三十一
	제齊	장공 19년 十九
	진晉	문후 5년 五
	진秦	양공 2년 二
	초楚	약오 15년 十五
	송宋	대공 24년 二十四
	위衛	무공 37년 三十七

진陳	평공 2년 二	
채蔡	희후 34년 三十四	
조曹	혜백 20년 二十	
정鄭	환공 31년 三十一	
연燕	경후 15년 十五	
오吳		
서기전 775	주周	유왕 7년 七
	노魯	효공 32년 三十二
	제齊	장공 20년 二十
	진晉	문후 6년 六
	진秦	양공 3년 三
	초楚	약오 16년 十六
	송宋	대공 25년 二十五
	위衛	무공 38년 三十八
	진陳	평공 3년 三

채蔡	희후 35년 三十五	
조曹	혜백 21년 二十一	
정鄭	환공 32년 三十二	
연燕	경후 16년 十六	
오吳		
서기전 774	주周	유왕 8년 八
	노魯	효공 33년 三十三
	제齊	장공 21년 二十一
	진晉	문후 7년 七
	진秦	양공 4년 四
	초楚	약오 17년 十七
	송宋	대공 26년 二十六
	위衛	무공 39년 三十九
	진陳	평공 4년 四
	채蔡	희후 36년 三十六

	조曹	혜백 22년 二十二	
	정鄭	환공 33년 三十三	
	연燕	경후 17년 十七	
	오吳		
서기전 **773**	주周	유왕 9년 九	
	노魯	효공 34년 三十四	
	제齊	장공 22년 二十二	
	진晉	문후 8년 八	
	진秦	양공 5년 五	
	초楚	약오 18년 十八	
	송宋	대공 27년 二十七	
	위衛	무공 40년 四十	
	진陳	평공 5년 五	
	채蔡	희후 37년 三十七	
	조曹	혜백 23년 二十三	

	정鄭	환공 34년 三十四
	연燕	경후 18년 十八
	오吳	
서기전 **772**	주周	유왕 10년 十
	노魯	효공 35년 三十五
	제齊	장공 23년 二十三
	진晉	문후 9년 九
	진秦	양공 6년 六
	초楚	약오 19년 十九
	송宋	대공 28년 二十八
	위衛	무공 41년 四十一
	진陳	평공 6년 六
	채蔡	희후 38년 三十八
	조曹	혜백 24년 二十四
	정鄭	환공 35년 三十五

연燕	경후 19년 十九	
오吳		
서기전 **771**	주周	유왕 11년. 유왕이 견융에게 살해되었다. 十一 幽王爲犬戎所殺
	노魯	효공 36년 三十六
	제齊	장공 24년 二十四
	진晉	문후 10년 十
	진秦	양공 7년. 처음으로 제후의 반열에 오르게 되었다. 七 始列爲諸侯
	초楚	약오 20년 二十
	송宋	대공 29년 二十九
	위衞	무공 42년 四十二
	진陳	평공 7년 七
	채蔡	희후 39년 三十九
	조曹	혜백 25년 二十五
	정鄭	환공 36년. 유왕으로 인하여 견융에게 살해되었다. 三十六 以幽王故 爲犬戎所殺
	연燕	경후 20년 二十

오吳	
서기전 **770** **주**周	평왕 원년. 동쪽 낙읍으로 옮겼다. 平王元年 東徙雒邑 **신주** 허許 문공文公이 신申에서 평왕을 세웠는데, 괵공虢公 한翰이 또 왕자 여신餘臣을 휴攜 땅에서 세웠다. 이래서 주나라에 두 군주가 있게 되었다. 《기년》을 비롯한 고대 전적에 나온다. 나중에 휴왕이 진문후에게 살해되는 것으로 보아 휴는 아마 진晉에서 가까울 것이다.
노魯	효공 37년 三十七
제齊	장공 25년 二十五
진晉	문후 11년 十一
진秦	양공 8년. 처음으로 서치를 세우고 백제에 제사했다. 八 初立西畤 祠白帝
초楚	약오 21년 二十一
송宋	대공 30년 三十
위衞	무공 43년 四十三
진陳	평공 8년 八
채蔡	희후 40년 四十
조曹	혜백 26년 二十六
정鄭	정나라 무공 활돌 원년 鄭武公滑突元年

		색은 滑은 다른 판본에는 '굴掘'이라 하며, 아울러 발음은 '홀[胡忽反]'이다. 滑 一作掘 並音胡忽反
	연燕	경후 21년 二十一
	오吳	
서기전 **769**	주周	평왕 2년 二
	노魯	효공 38년 三十八
	제齊	장공 26년 二十六
	진晉	문후 12년 十二
	진秦	양공 9년 九
	초楚	약오 22년 二十二
	송宋	대공 31년 三十一
	위衛	무공 44년 四十四
	진陳	평공 9년 九
	채蔡	희후 41년 四十一
	조曹	혜백 27년 二十七
	정鄭	무공 2년 二

연燕	경후 22년 二十二	
오吳		

서기전 **768**	주周	평왕 3년 三
	노魯	노나라 혜공 불생 원년 魯惠公弗湦元年 색은 노나라 혜공 불생弗生이다. 〈노주공세가〉에는 '불황弗湟'이라 했고, 《세본》에는 '불황弗皇'이라 했다. 魯惠公弗生 系家作弗湟 系本作弗皇
	제齊	장공 27년 二十七
	진晉	문후 13년 十三
	진秦	양공 10년 十
	초楚	약오 23년 二十三
	송宋	대공 32년 三十二
	위衞	무공 45년 四十五
	진陳	평공 10년 十
	채蔡	희후 42년 四十二
	조曹	혜백 28년 二十八

	정鄭	무공 3년 三	
	연燕	경후 23년 二十三	
	오吳		
서기전 **767** 갑술甲戌	주周	평왕 4년 四	
	노魯	혜공 2년 二	
	제齊	장공 28년 二十八	
	진晉	문후 14년 十四	
	진秦	양공 11년 十一	
	초楚	약오 24년 二十四	
	송宋	대공 33년 三十三	
	위衛	무공 46년 四十六	
	진陳	평공 11년 十一	
	채蔡	희후 43년 四十三	
	조曹	혜백 29년 二十九	
	정鄭	무공 4년 四	

	연燕	경후 24년 二十四
	오吳	
서기전 **766**	주周	평왕 5년 五
	노魯	혜공 3년 三
	제齊	장공 29년 二十九
	진晉	문후 15년 十五
	진秦	양공 12년. 융을 치고 기岐에 이르러 죽었다. 十二 伐戎至岐而死
	초楚	약오 25년 二十五
	송宋	대공 34년 三十四
	위衛	무공 47년 四十七
	진陳	평공 12년 十二
	채蔡	희후 44년 四十四
	조曹	혜백 30년 三十
	정鄭	무공 5년 五
	연燕	연나라 애후 원년 燕哀侯元年

	오吳	
서기전 **765**	주周	평왕 6년 六
	노魯	혜공 4년 四
	제齊	장공 30년 三十
	진晉	문후 16년 十六
	진秦	진나라 문공 원년 秦文公元年
	초楚	약오 26년 二十六
	송宋	송나라 무공 사공 원년 宋武公司空元年
	위衛	무공 48년 四十八
	진陳	평공 13년 十三
	채蔡	희후 45년 四十五
	조曹	혜백 31년 三十一
	정鄭	무공 6년 六
	연燕	애후 2년 二
	오吳	

서기전 **764**	주周	평왕 7년 七
	노魯	혜공 5년 五
	제齊	장공 31년 三十一
	진晉	문후 17년 十七
	진秦	문공 2년 二
	초楚	약오 27년 二十七
	송宋	무공 2년 二
	위衛	무공 49년 四十九
	진陳	평공 14년 十四
	채蔡	희후 46년 四十六
	조曹	혜백 32년 三十二
	정鄭	무공 7년 七
	연燕	연나라 정후 원년 燕鄭侯元年
	오吳	
서기전 **763**	주周	평왕 8년 八

노魯	혜공 6년 六
제齊	장공 32년 三十二
진晉	문후 18년 十八
진秦	문공 3년 三
초楚	초나라 소오 원년 楚霄敖元年 색은 초나라 영오甯敖다. 살피건대, 〈초세가〉에는 약오의 아들 웅감熊坎 이 즉위했는데, 이 사람이 소오이다. 여기서 '영오'라고 했는데, 아마 곧 '霄' 자 가 잘못 변해 '甯' 자가 되었을 것이다. 유백장은 단지 글자를 따라 발음했고, 다시 분석하지 않았다. 楚甯敖 案 系家若敖子熊坎立 是爲霄敖 此作甯敖 恐是霄字訛變爲甯也 劉伯莊但隨字而音 更不分析
송宋	무공 3년 三
위衞	무공 50년 五十
진陳	평공 15년 十五
채蔡	희후 47년 四十七
조曹	혜백 33년 三十三
정鄭	무공 8년 八
연燕	정후 2년 二

	오吳	
서기전 **762**	주周	평왕 9년 九
	노魯	혜공 7년 七
	제齊	장공 33년 三十三
	진晉	문후 19년 十九
	진秦	문공 4년 四
	초楚	소오 2년 二
	송宋	무공 4년 四
	위衞	무공 51년 五十一
	진陳	평공 16년 十六
	채蔡	희후 48년 四十八
	조曹	혜백 34년 三十四
	정鄭	무공 9년 九
	연燕	정후 3년 三
	오吳	

서기전 **761**	주周	평왕 10년 十
	노魯	혜공 8년 八
	제齊	장공 34년 三十四
	진晉	문후 20년 二十
	진秦	문공 5년 五
	초楚	소오 3년 三
	송宋	무공 5년 五
	위衛	무공 52년 五十二
	진陳	평공 17년 十七
	채蔡	채나라 공후 흥 원년 蔡共侯興元年
	조曹	혜백 35년 三十五
	정鄭	무공 10년. 신후의 딸 무강을 아내로 맞았다. 十 娶申侯女武姜
	연燕	정후 4년 四
	오吳	
서기전 **760**	주周	평왕 11년 十一

노魯	혜공 9년 九	
제齊	장공 35년 三十五	
진晉	문후 21년 二十一	
진秦	문공 6년 六	
초楚	소오 4년 四	
송宋	무공 6년 六	
위衛	무공 53년 五十三	
진陳	평공 18년 十八	
채蔡	공후 2년 二	
조曹	혜백 36년 三十六	
정鄭	무공 11년 十一	
연燕	정후 5년 五	
오吳		
서기전 **759**	주周	평왕 12년 十二
	노魯	혜공 10년 十

제齊	장공 36년 三十六	
진晉	문후 22년 二十二	
진秦	문공 7년 七	
초楚	소오 5년 五	
송宋	무공 7년 七	
위衛	무공 54년 五十四	
진陳	평공 19년 十九	
채蔡	채나라 대후 원년 蔡戴侯元年	
조曹	조나라 목공 원년 曹穆公元年	
정鄭	무공 12년 十二	
연燕	정후 6년 六	
오吳		
서기전 **758**	주周	평왕 13년 十三
	노魯	혜공 11년 十一
	제齊	장공 37년 三十七

진晉	문후 23년 二十三	
진秦	문공 8년 八	
초楚	소오 6년 六	
송宋	무공 8년 八	
위衛	무공 55년 五十五	
진陳	평공 20년 二十	
채蔡	대후 2년 二	
조曹	목공 2년 二	
정鄭	무공 13년 十三	
연燕	정후 7년 七	
오吳		
서기전 **757** 갑신甲申	주周	평왕 14년 十四
	노魯	혜공 12년 十二
	제齊	장공 38년 三十八
	진晉	문후 24년 二十四

	진秦	문공 9년 九
	초楚	초나라 분모 원년 楚蚡冒元年 색은 추탄생은 '蚡'을 '粉'이라 했으며, 발음은 '분債'이다. 冒의 발음은 '모[亡報反]'이고, 또 '묵默'으로도 발음한다. 鄒氏云蚡一作粉 音債 冒音亡報反 又音默也
	송宋	무공 9년 九
	위衞	위나라 장공 양 원년 衛莊公楊元年
	진陳	평공 21년 二十一
	채蔡	대후 3년 三
	조曹	목공 3년 三
	정鄭	무공 14년. 장공 오생을 낳았다. 十四 生莊公寤生
	연燕	정후 8년 八
	오吳	
서기전 **756**	주周	평왕 15년 十五
	노魯	혜공 13년 十三
	제齊	장공 39년 三十九

진晉	문후 25년 二十五	
진秦	문공 10년. 부치를 만들었다. 十 作鄜畤	
초楚	분모 2년 二	
송宋	무공 10년 十	
위衛	장공 2년 二	
진陳	평공 22년 二十二	
채蔡	대후 4년 四	
조曹	조나라 환공 종생 원년 曹桓公終生元年	
정鄭	무공 15년 十五	
연燕	정후 9년 九	
오吳		
서기전 **755**	주周	평왕 16년 十六
	노魯	혜공 14년 十四
	제齊	장공 40년 四十
	진晉	문후 26년 二十六

진秦	문공 11년 十一	
초楚	분모 3년 三	
송宋	무공 11년 十一	
위衞	장공 3년 三	
진陳	평공 23년 二十三	
채蔡	대후 5년 五	
조曹	환공 2년 二	
정鄭	무공 16년 十六	
연燕	정후 10년 十	
오吳		
서기전 **754**	주周	평왕 17년 十七
	노魯	혜공 15년 十五
	제齊	장공 41년 四十一
	진晉	문후 27년 二十七
	진秦	문공 12년 十二

초楚	분모 4년 四	
송宋	무공 12년 十二	
위衞	장공 4년 四	
진陳	진나라 문공 어 원년. 환공 포와 여공 타를 낳았다. 타의 어머니 는 채나라 여인이다. 陳文公圉元年 生桓公鮑厲公他 他母蔡女	
	신주 이 부분은 《사기》와 《좌전》의 기록이 매우 다르고, 그에 따라 후세 사람들 설도 분분하여 그 진실을 단정하기 어렵다.	
채蔡	대후 6년 六	
조曹	환공 3년 三	
정鄭	무공 17년. 태숙 단을 낳았다. 어머니는 단을 세우려 했으나 무공 이 듣지 않았다. 十七 生大叔段母欲立段公不廳	
연燕	정후 11년 十一	
오吳		
서기전 **753**	주周	평왕 18년 十八
	노魯	혜공 16년 十六
	제齊	장공 42년 四十二
	진晉	문후 28년 二十八

진秦	문공 13년 十三	
초楚	분모 5년 五	
송宋	무공 13년 十三	
위衞	장공 5년 五	
진陳	문공 2년 二	
채蔡	대후 7년 七	
조曹	환공 4년 四	
정鄭	무공 18년 十八	
연燕	정후 12년 十二	
오吳		
서기전 **752**	주周	평왕 19년 十九
	노魯	혜공 17년 十七
	제齊	장공 43년 四十三
	진晉	문후 29년 二十九
	진秦	문공 14년 十四

초楚	분모 6년 六	
송宋	무공 14년 十四	
위衛	장공 6년 六	
진陳	문공 3년 三	
채蔡	대후 8년 八	
조曹	환공 5년 五	
정鄭	무공 19년 十九	
연燕	정후 13년 十三	
오吳		
서기전 **751**	주周	평왕 20년 二十
	노魯	혜공 18년 十八
	제齊	장공 44년 四十四
	진晉	문후 30년 三十
	진秦	문공 15년 十五
	초楚	분모 7년 七

	송宋	무공 15년 十五
	위衞	장공 7년 七
	진陳	문공 4년 四
	채蔡	대후 9년 九
	조曹	환공 6년 六
	정鄭	무공 20년 二十
	연燕	정후 14년 十四
	오吳	
서기전 **750**	주周	평왕 21년 二十一
	노魯	혜공 19년 十九
	제齊	장공 45년 四十五
	진晉	문후 31년 三十一
	진秦	문공 16년 十六
	초楚	분모 8년 八
	송宋	무공 16년 十六

위衛	장공 8년 八	
진陳	문공 5년 五	
채蔡	대후 10년 十	
조曹	환공 7년 七	
정鄭	무공 21년 二十一	
연燕	정후 15년 十五	
오吳		
서기전 **749**	주周	평왕 22년 二十二
	노魯	혜공 20년 二十
	제齊	장공 46년 四十六
	진晉	문후 32년 三十二
	진秦	문공 17년 十七
	초楚	분모 9년 九
	송宋	무공 17년 十七
	위衞	장공 9년 九

	진陳	문공 6년 六
	채蔡	채나라 선후 해론 원년 蔡宣侯楷論元年 신주 〈관채세가〉에는 선후의 이름을 조보措父라 하고, 《춘추전》에는 모두 고보考父라고 한다.
	조曹	환공 8년 八
	정鄭	무공 22년 二十二
	연燕	정후 16년 十六
	오吳	
서기전 **748**	주周	평왕 23년 二十三
	노魯	혜공 21년 二十一
	제齊	장공 47년 四十七
	진晉	문후 33년 三十三
	진秦	문공 18년 十八
	초楚	분모 10년 十
	송宋	무공 18년. 노환공의 어머니를 낳았다. 十八 生魯桓公母
	위衛	장공 10년 十

진陳	문공 7년 七	
채蔡	선후 2년 二	
조曹	환공 9년 九	
정鄭	무공 23년 二十三	
연燕	정후 17년 十七	
오吳		
서기전 **747** 갑오甲午	주周	평왕 24년 二十四
	노魯	혜공 22년 二十二
	제齊	장공 48년 四十八
	진晉	문후 34년 三十四
	진秦	문공 19년. 진보에게 제사를 지냈다. 十九 作祠陳寶
	초楚	분모 11년 十一
	송宋	송나라 선공 력 원년 宋宣公力元年
	위衞	장공 11년 十一
	진陳	문공 8년 八

채蔡	선후 3년 三	
조曹	환공 10년 十	
정鄭	무공 24년 二十四	
연燕	정후 18년 十八	
오吳		
서기전 **746** 주周	평왕 25년 二十五	
노魯	혜공 23년 二十三	
제齊	장공 49년 四十九	
진晉	문후 35년 三十五	
진秦	문공 20년 二十	
초楚	분모 12년 十二	
송宋	선공 2년 二	
위衛	장공 12년 十二	
진陳	문공 9년 九	
채蔡	선후 4년 四	

	조曹	환공 11년 十一
	정鄭	무공 25년 二十五
	연燕	정후 19년 十九
	오吳	
서기전 **745**	주周	평왕 26년 二十六
	노魯	혜공 24년 二十四
	제齊	장공 50년 五十
	진晉	진나라 소후 원년. 계부 성사成師를 곡옥曲沃에 봉했는데, 곡옥이 진나라보다 커지자 군자가 나무라며 말했다. "진나라 사람의 어 지러움은 곡옥으로부터 시작될 것이다." 晉昭侯元年 封季父成師于曲沃 曲沃大於國 君子譏曰 晉人亂 自曲沃始矣
	진秦	문공 21년 二十一
	초楚	분모 13년 十三
	송宋	선공 3년 三
	위衛	장공 13년 十三
	진陳	문공 10년. 문공이 죽었다. 十 文公卒
	채蔡	선후 5년 五

조曹	환공 12년 十二	
정鄭	무공 26년 二十六	
연燕	정후 20년 二十	
오吳		
서기전 744 주周	평왕 27년 二十七	
노魯	혜공 25년 二十五	
제齊	장공 51년 五十一	
진晉	소후 2년 二	
진秦	문공 22년 二十二	
초楚	분모 14년 十四	
송宋	선공 4년 四	
위衛	장공 14년 十四	
진陳	진나라 환공 원년 陳桓公元年	
채蔡	선후 6년 六	
조曹	환공 13년 十三	

정鄭	무공 27년 二十七	
연燕	정후 21년 二十一	
오吳		
서기전 **743**	주周	평왕 28년 二十八
	노魯	혜공 26년 二十六
	제齊	장공 52년 五十二
	진晉	소후 3년 三
	진秦	문공 23년 二十三
	초楚	분모 15년 十五
	송宋	선공 5년 五
	위衛	장공 15년 十五
	진陳	환공 2년 二
	채蔡	선후 7년 七
	조曹	환공 14년 十四
	정鄭	정나라 장공 오생 원년. 제중이 재상이 되었다. 鄭莊公寤生元年 祭仲相

	연燕	정후 22년 二十二
	오吳	
서기전 **742**	주周	평왕 29년 二十九
	노魯	혜공 27년 二十七
	제齊	장공 53년 五十三
	진晉	소후 4년 四
	진秦	문공 24년 二十四
	초楚	분모 16년 十六
	송宋	선공 6년 六
	위衞	장공 16년 十六
	진陳	환공 3년 三
	채蔡	선후 8년 八
	조曹	환공 15년 十五
	정鄭	장공 2년 二
	연燕	정후 23년 二十三

	오吳	
서기전 **741**	주周	평왕 30년 三十
	노魯	혜공 28년 二十八
	제齊	장공 54년 五十四
	진晉	소후 5년 五
	진秦	문공 25년 二十五
	초楚	분모 17년 十七
	송宋	선공 7년 七
	위衛	장공 17년. 애첩의 아들이 주우인데, 주우는 전쟁놀이를 좋아했다. 十七 愛妾子州吁 州吁好兵
	진陳	환공 4년 四
	채蔡	선후 9년 九
	조曹	환공 16년 十六
	정鄭	장공 3년 三
	연燕	정후 24년 二十四
	오吳	

서기전 **740**	주周	평왕 31년 三十一
	노魯	혜공 29년 二十九
	제齊	장공 55년 五十五
	진晉	소후 6년 六
	진秦	문공 26년 二十六
	초楚	무왕이 즉위했다. 武王立
	송宋	선공 8년 八
	위衞	장공 18년 十八
	진陳	환공 5년 五
	채蔡	선후 10년 十
	조曹	환공 17년 十七
	정鄭	장공 4년 四
	연燕	정후 25년 二十五
	오吳	
서기전 **739**	주周	평왕 32년 三十二

노魯	혜공 30년 三十
제齊	장공 56년 五十六
진晉	반보가 소후를 살해하고 성사를 들이려 했으나 진나라를 이기지 못했다. 소후의 아들이 즉위하니 이 사람이 효후이다. 潘父殺昭侯 納成師 不克 昭侯子立 是爲孝侯 　색은　소후는 문후 구仇의 아들이다. 〈진세가〉에는 진나라 대신 반보가 소 후를 살해하고 곡옥의 환숙桓叔을 맞이했는데, 진나라 사람들이 그를 공격하 고 소후의 아들 평平을 세웠으니, 이 사람이 효후라 했다. 昭侯 文侯仇之子 系家云晉大臣潘父殺昭侯 迎曲沃桓叔 晉人攻之 立昭 侯子平 是爲孝侯也 　신주　이 해는 소후 7년이고 통상 다음해부터 차기 군주 원년으로 하지만, 사마천은 이 해를 효후 원년으로 설정했다. 그리하여 〈진세가〉와 1년 차이 난 다. 전통대로 하면 평왕 33년이 효후 원년이다.
진秦	문공 27년 二十七
초楚	무왕 2년 二
송宋	선공 9년 九
위衛	장공 19년 十九
진陳	환공 6년 六
채蔡	선후 11년 十一
조曹	환공 18년 十八
정鄭	장공 5년 五

	연燕	정후 26년 二十六
	오吳	
서기전 **738**	주周	평왕 33년 三十三
	노魯	혜공 31년 三十一
	제齊	장공 57년 五十七
	진晉	효후 2년 二
	진秦	문공 28년 二十八
	초楚	무왕 3년 三
	송宋	선공 10년 十
	위衛	장공 20년 二十
	진陳	환공 7년 七
	채蔡	선후 12년 十二
	조曹	환공 19년 十九
	정鄭	장공 6년 六
	연燕	정후 27년 二十七

	오吳	
서기전 **737** 갑진甲辰	주周	평왕 34년 三十四
	노魯	혜공 32년 三十二
	제齊	장공 58년 五十八
	진晉	효후 3년 三
	진秦	문공 29년 二十九
	초楚	무왕 4년 四
	송宋	선공 11년 十一
	위衛	장공 21년 二十一
	진陳	환공 8년 八
	채蔡	선후 13년 十三
	조曹	환공 20년 二十
	정鄭	장공 7년 七
	연燕	정후 28년 二十八
	오吳	

서기전 **736**	주周	평왕 35년 三十五
	노魯	혜공 33년 三十三
	제齊	장공 59년 五十九
	진晉	효후 4년 四
	진秦	문공 30년 三十
	초楚	무왕 5년 五
	송宋	선공 12년 十二
	위衛	장공 22년 二十二
	진陳	환공 9년 九
	채蔡	선후 14년 十四
	조曹	환공 21년 二十一
	정鄭	장공 8년 八
	연燕	정후 29년 二十九
	오吳	
서기전 **735**	주周	평왕 36년 三十六

노魯	혜공 34년 三十四	
제齊	장공 60년 六十	
진晉	효후 5년 五	
진秦	문공 31년 三十一	
초楚	무왕 6년 六	
송宋	선공 13년 十三	
위衛	장공 23년. 부인이 아들이 없어 환공이 즉위했다. 二十三 夫人無子 桓公立	
진陳	환공 10년 十	
채蔡	선후 15년 十五	
조曹	환공 22년 二十二	
정鄭	장공 9년 九	
연燕	정후 30년 三十	
오吳		
서기전 **734**	주周	평왕 37년 三十七
	노魯	혜공 35년 三十五

제齊	장공 61년 六十一	
진晉	효후 6년 六	
진秦	문공 32년 三十二	
초楚	무왕 7년 七	
송宋	선공 14년 十四	
위衞	위나라 환공 완 원년 衞桓公完元年	
진陳	환공 11년 十一	
채蔡	선후 16년 十六	
조曹	환공 23년 二十三	
정鄭	장공 10년 十	
연燕	정후 31년 三十一	
오吳		
서기전 **733**	주周	평왕 38년 三十八
	노魯	혜공 36년 三十六
	제齊	장공 62년 六十二

진晉	효후 7년 七	
진秦	문공 33년 三十三	
초楚	무왕 8년 八	
송宋	선공 15년 十五	
위衛	환공 2년. 아우 주우가 교만하여 환공이 그를 내쫓자 탈출해 달 아났다. 二 弟州吁驕 桓黜之 出奔	
진陳	환공 12년 十二	
채蔡	선후 17년 十七	
조曹	환공 24년 二十四	
정鄭	장공 11년 十一	
연燕	정후 32년 三十二	
오吳		
서기전 **732**	주周	평왕 39년 三十九
	노魯	혜공 37년 三十七
	제齊	장공 63년 六十三

진晉	효후 8년 八	
진秦	문공 34년 三十四	
초楚	무왕 9년 九	
송宋	선공 16년 十六	
위衛	환공 3년 三	
진陳	환공 13년 十三	
채蔡	선후 18년 十八	
조曹	환공 25년 二十五	
정鄭	장공 12년 十二	
연燕	정후 33년 三十三	
오吳		
서기전 **731**	주周	평왕 40년 四十
	노魯	혜공 38년 三十八
	제齊	장공 64년 六十四
	진晉	효후 9년. 곡옥의 환숙 성사가 죽고 아들이 이어 즉위하니 장백이다. 九 曲沃桓叔成師卒 子代立 爲莊伯

진秦	문공 35년 三十五	
초楚	무왕 10년 十	
송宋	선공 17년 十七	
위衛	환공 4년 四	
진陳	환공 14년 十四	
채蔡	선후 19년 十九	
조曹	환공 26년 二十六	
정鄭	장공 13년 十三	
연燕	정후 34년 三十四	
오吳		
서기전 **730**	**주**周	평왕 41년 四十一
	노魯	혜공 39년 三十九
	제齊	제나라 희공 녹보 원년 齊釐公祿父元年
	진晉	효후 10년 十
	진秦	문공 36년 三十六

초楚	무왕 11년 十一	
송宋	선공 18년 十八	
위衛	환공 5년 五	
진陳	환공 15년 十五	
채蔡	선후 20년 二十	
조曹	환공 27년 二十七	
정鄭	장공 14년 十四	
연燕	정후 35년 三十五	
오吳		
서기전 **729**	주周	평왕 42년 四十二
	노魯	혜공 40년 四十
	제齊	희공 2년. 동모제 이중년이 공손무지를 낳았다. 二 同母弟夷仲年生公孫毋知也
	진晉	효후 11년 十一
	진秦	문공 37년 三十七
	초楚	무왕 12년 十二

송宋	선공 19년. 선공이 죽으면서 아우 화를 세울 것을 명했으니 목공이다. 十九 公卒 命立弟和 爲穆公	
위衛	환공 6년 六	
진陳	환공 16년 十六	
채蔡	선후 21년 二十一	
조曹	환공 28년 二十八	
정鄭	장공 15년 十五	
연燕	정후 36년 三十六	
오吳		
서기전 **728**	주周	평왕 43년 四十三
	노魯	혜공 41년 四十一
	제齊	희공 3년 三
	진晉	효후 12년 十二
	진秦	문공 38년 三十八
	초楚	무왕 13년 十三
	송宋	송나라 목공 화 원년 宋穆公和元年

위衛	환공 7년 七	
진陳	환공 17년 十七	
채蔡	선후 22년 二十二	
조曹	환공 29년 二十九	
정鄭	장공 16년 十六	
연燕	연나라 목후 원년 燕穆侯元年	
오吳		
서기전 **727** 갑인甲寅	주周	평왕 44년 四十四
	노魯	혜공 42년 四十二
	제齊	희공 4년 四
	진晉	효후 13년 十三
	진秦	문공 39년 三十九
	초楚	무왕 14년 十四
	송宋	목공 2년 二
	위衛	환공 8년 八

	진陳	환공 18년 十八	
	채蔡	선후 23년 二十三	
	조曹	환공 30년 三十	
	정鄭	장공 17년 十七	
	연燕	목후 2년 二	
	오吳		
서기전 **726**	주周	평왕 45년 四十五	
	노魯	혜공 43년 四十三	
	제齊	희공 5년 五	
	진晉	효후 14년 十四	
	진秦	문공 40년 四十	
	초楚	무왕 15년 十五	
	송宋	목공 3년 三	
	위衛	환공 9년 九	
	진陳	환공 19년 十九	

채蔡	선후 24년 二十四	
조曹	환공 31년 三十一	
정鄭	장공 18년 十八	
연燕	목후 3년 三	
오吳		
서기전 **725**	주周	평왕 46년 四十六
	노魯	혜공 44년 四十四
	제齊	희공 6년 六
	진晉	효후 15년 十五
	진秦	문공 41년 四十一
	초楚	무왕 16년 十六
	송宋	목공 4년 四
	위衞	환공 10년 十
	진陳	환공 20년 二十
	채蔡	선후 25년 二十五

조曹	환공 32년 三十二	
정鄭	장공 19년 十九	
연燕	목후 4년 四	
오吳		

주周	평왕 47년 四十七	
노魯	혜공 45년 四十五	
제齊	희공 7년 七	
진晉	효후 16년. 곡옥 장백이 효후를 살해하자 진나라 사람들이 효후의 아들 각卻을 세워 악후로 삼았다. 十六 曲沃莊伯殺孝侯 晉人立孝侯子卻爲鄂侯 **신주** 《사기지의》에 따르면, 《좌전》에는 악후를 효후의 아우라 한다.	
진秦	문공 42년 四十二	
초楚	무왕 17년 十七	
송宋	목공 5년 五	
위衛	환공 11년 十一	
진陳	환공 21년 二十一	
채蔡	선후 26년 二十六	

조曹	환공 33년 三十三	
정鄭	장공 20년 二十	
연燕	목후 5년 五	
오吳		

서기전 **723**	주周	평왕 48년 四十八
	노魯	혜공 46년 四十六
	제齊	희공 8년 八
	진晉	진나라 악후 각 원년. 곡옥이 진나라보다 강해졌다. 晉鄂侯郤元年 曲沃強於晉 색은 '각郤'을 '도都'라고 쓴 판본이 있는데, 잘못이다. 악鄂은 읍론이고 각郤은 그 이름이다. 효후의 아들이다. 有本郤作都者 誤也 鄂 邑 郤 其名 孝侯子也
	진秦	문공 43년 四十三
	초楚	무왕 18년 十八
	송宋	목공 6년 六
	위衞	환공 12년 十二
	진陳	환공 22년 二十二

채蔡	선후 27년 二十七	
조曹	환공 34년 三十四	
정鄭	장공 21년 二十一	
연燕	목후 6년 六	
오吳		
서기전 **722**	주周	평왕 49년 四十九
	노魯	노나라 은공 식고 원년. 어머니가 성자이다. 魯隱公息姑元年 母聲子 색은 노은공 식식인데. 〈노주공세가〉에 이름은 '식'이며, 《세본》에 이름은 '식고'이다. 魯隱公息 系家名息 系本名息姑也 집해 서광이 말했다. "《춘추》에 은공 원년은 기미년이다." 徐廣曰 春秋隱元年 歲在己未
	제齊	희공 9년 九
	진晉	악후 2년 二
	진秦	문공 44년 四十四
	초楚	무왕 19년 十九
	송宋	목공 7년 七

위衛	환공 13년 十三	
진陳	환공 23년 二十三	
채蔡	선후 28년 二十八	
조曹	환공 35년 三十五	
정鄭	장공 22년. 단이 난을 일으켰다가 달아났다. 二十二 段作亂 奔	
연燕	목후 7년 七	
오吳		
서기전 **721**	주周	평왕 50년 五十
	노魯	은공 2년 二
	제齊	희공 10년 十
	진晉	악후 3년 三
	진秦	문공 45년 四十五
	초楚	무왕 20년 二十
	송宋	목공 8년 八
	위衛	환공 14년 十四

진陳	환공 24년 二十四	
채蔡	선후 29년 二十九	
조曹	환공 36년 三十六	
정鄭	장공 23년. 장공이 뉘우치고 어머니를 그리워 했으나 만나지 못하게 되자 땅을 뚫어 서로 만났다. 二十三 公悔 思母不見 穿地相見	
	신주 《사기지의》에 따르면, "《좌전》에는 노은공 원년과 장공 22년이니, 단 이 달아난 평왕 49년이다."	
연燕	목후 8년 八	
오吳		

서기전 **720**	주周	평왕 51년 五十一
	노魯	은공 3년. 2월에 일식이 있었다. 三 二月 日蝕
	제齊	희공 11년 十一
	진晉	악후 4년 四
	진秦	문공 46년 四十六
	초楚	무왕 21년 二十一
	송宋	목공 9년. 목공이 공보에게 상공을 세울 것을 부탁했다. 풍이 정나라로 달아났다. 九 公屬孔父立殤公 馮奔鄭

위衛	환공 15년 十五	
진陳	환공 25년 二十五	
채蔡	선후 30년 三十	
조曹	환공 37년 三十七	
정鄭	장공 24년. 주나라를 침입하여 벼를 취했다. 二十四 侵周 取禾	
연燕	목후 9년 九	
오吳		
서기전 **719**	주周	환왕 원년 桓王元年
	노魯	은공 4년 四
	제齊	희공 12년 十二
	진晉	악후 5년 五
	진秦	문공 47년 四十七
	초楚	무왕 22년 二十二
	송宋	송나라 상공 여이 원년 宋殤公與夷元年
	위衛	환공 16년. 주우가 환공을 시해하고 스스로 즉위했다. 十六 州吁弑公自立

	진陳	환공 26년. 위나라 석작이 와서 알리자 주우를 붙잡았다. 二十六 衞石碏來告 故執州吁
	채蔡	선후 31년 三十一
	조曹	환공 38년 三十八
	정鄭	장공 25년 二十五
	연燕	목후 10년 十
	오吳	
서기전 **718**	주周	환왕 2년. 괵공을 시켜 진의 곡옥을 쳤다. 二 使虢公伐晉之曲沃
	노魯	은공 5년. 공이 당棠에서 고기잡이를 구경했는데, 군자가 나무랐다. 五 公觀魚于棠 君子譏之
	제齊	희공 13년 十三
	진晉	악후 6년. 악후가 죽었다. 곡옥 장백이 다시 진나라를 공격했다. 악후의 아들 광光을 세우니 애후이다. 六 鄂侯卒 曲沃莊伯復攻晉 立鄂侯子光爲哀侯
	진秦	문공 48년 四十八
	초楚	무왕 23년 二十三
	송宋	상공 2년. 정나라가 송나라를 치고 송나라가 정나라를 쳤다. 二 鄭伐我 我伐鄭
	위衞	위나라 선공 진 원년. 함께 그를 세웠다. 주우를 토벌했다. 衞宣公晉元年 共立之 討州吁

	진陳	환공 27년 二十七
	채蔡	선후 32년 三十二
	조曹	환공 39년 三十九
	정鄭	장공 26년 二十六
	연燕	목후 11년 十一
	오吳	
서기전 **717** 갑자甲子	주周	환왕 3년 三
	노魯	은공 6년. 정나라 사람이 와서 화평을 맺었다. 六 鄭人來渝平
	제齊	희공 14년 十四
	진晉	진나라 애후 광 원년 晉哀侯光元年
	진秦	문공 49년 四十九
	초楚	무왕 24년 二十四
	송宋	상공 3년 三
	위衛	선공 2년 二
	진陳	환공 28년 二十八

채蔡	선후 33년 三十三	
조曹	환공 40년 四十	
정鄭	장공 27년. 비로소 왕에게 조회했는데, 왕이 예로 대하지 않았다. 二十七 始朝王 王不禮	
연燕	목후 12년 十二	
오吳		
서기전 716	주周	환왕 4년 四
	노魯	은공 7년 七
	제齊	희공 15년 十五
	진晉	애후 2년. 곡옥 장백이 죽고 아들 칭이 즉위하니 무공이다. 二 莊伯卒 子稱立 爲武公
	진秦	문공 50년 五十
	초楚	무왕 25년 二十五
	송宋	상공 4년 四
	위衛	선공 3년 三
	진陳	환공 29년 二十九
	채蔡	선후 34년 三十四

조曹	환공 41년 四十一	
정鄭	장공 28년 二十八	
연燕	목후 13년 十三	
오吳		
서기전 **715**	주周	환왕 5년 五
	노魯	은공 8년. 정나라와 노나라 땅인 허전을 바꾸었는데, 군자가 나무랐다. 八 易許田 君子譏之
	제齊	희공 16년 十六
	진晉	애후 3년 三
	진秦	진나라 영공 원년 秦寧公元年
	초楚	무왕 26년 二十六
	송宋	상공 5년 五
	위衛	선공 4년 四
	진陳	환공 30년 三十
	채蔡	선후 35년 三十五

조曹	환공 42년 四十二	
정鄭	장공 29년. 정나라 땅인 팽을 노나라에 주고 허전 땅과 바꾸었다. 二十九 與魯祊 易許田	
연燕	목후 14년 十四	
오吳		
서기전 **714**	주周	환왕 6년 六
	노魯	은공 9년. 3월에 큰 우박이 내리고 번개가 쳤다. 九 三月 大雨雹 電
	제齊	희공 17년 十七
	진晉	애후 4년 四
	진秦	영공 2년 二
	초楚	무왕 27년 二十七
	송宋	상공 6년 六
	위衛	선공 5년 五
	진陳	환공 31년 三十一
	채蔡	채나라 환후 봉인 원년 蔡桓侯封人元年
	조曹	환공 43년 四十三

	정鄭	장공 30년 三十	
	연燕	목후 15년 十五	
	오吳		
서기전 **713**	주周	환왕 7년 七	
	노魯	은공 10년 十	
	제齊	희공 18년 十八	
	진晉	애후 5년 五	
	진秦	영공 3년 三	
	초楚	무왕 28년 二十八	
	송宋	상공 7년. 제후들이 송나라를 무찔렀다. 송나라 군사가 위나라 사람과 더불어 정나라를 쳤다. 七 諸侯敗我 我師與衞人伐鄭	
	위衞	선공 6년 六	
	진陳	환공 32년 三十二	
	채蔡	환후 2년 二	
	조曹	환공 44년 四十四	

정鄭	장공 31년 三十一	
연燕	목후 16년 十六	
오吳		
서기전 **712**	주周	환왕 8년 八
	노魯	은공 11년. 대부 휘가 환공을 죽일 것을 청하고 재상 자리를 요구했지만, 은공이 들어주지 않자 곧바로 은공을 살해했다. 十一 大夫翬請殺桓公 求爲相 公不聽 即殺公
	제齊	희공 19년 十九
	진晉	애후 6년 六
	진秦	영공 4년 四
	초楚	무왕 29년 二十九
	송宋	상공 8년 八
	위衛	선공 7년 七
	진陳	환공 33년 三十三
	채蔡	환후 3년 三
	조曹	환공 45년 四十五

정鄭	장공 32년 三十二	
연燕	목후 17년 十七	
오吳		
서기전 **711**	주周	환왕 9년 九
	노魯	노나라 환공 윤 원년. 어머니는 송나라 무공의 딸이다. 태어날 때 손에 무늬가 있었고, 노나라 부인이 되었다. 魯桓公允元年 母宋武公女 生手文爲魯夫人 　색은　다른 판본에는 환공 이름을 '올兀'이라 한다. 발음은 '올[五忽反]'이다. 서광은 어떤 판본에는 '월軏'이라 한다고 했다. 一作兀 五忽反 徐廣云一作軏
	제齊	희공 20년 二十
	진晉	애후 7년 七
	진秦	영공 5년 五
	초楚	무왕 30년 三十
	송宋	상공 9년 九
	위衞	선공 8년 八
	진陳	환공 34년 三十四
	채蔡	환후 4년 四

조曹	환공 46년 四十六	
정鄭	장공 33년. 벽璧을 노나라에 더해주고 허전을 바꾸었다. 三十三 以璧加魯 易許田	
연燕	목후 18년 十八	
오吳		
서기전 **710**	주周	환왕 10년 十
	노魯	환공 2년. 송나라가 정鼎을 뇌물로 주자 태묘에 들였는데, 군자가 나무랐다. 二 宋賂以鼎 入於太廟 君子譏之
	제齊	희공 21년 二十一
	진晉	애후 8년 八
	진秦	영공 6년 六
	초楚	무왕 31년 三十一
	송宋	화독이 공보의 아내가 아름다운 것을 보고 들떴다. 화독이 공보 를 죽이고 곧 상공을 죽였다. 송나라 장공 풍馮 원년이다. 화독이 재상이 되었다. 華督見孔父妻好 悅之 華督殺孔父 及殺殤公 宋公馮元年 華 督爲相 **신주** '송장공 풍 원년' 이하는 환왕 11년에 들어가야 하는데, 잘못하여 이 곳에 삽입되었다.
	위衛	선공 9년 九

진陳	환공 35년 三十五	
채蔡	환후 5년 五	
조曹	환공 47년 四十七	
정鄭	장공 34년 三十四	
연燕	연나라 선후 원년 燕宣侯元年	
오吳		
서기전 **709**	주周	환왕 11년 十一
	노魯	환공 3년. 휘가 제나라 여인을 맞이할 때 제나라 군주가 여인을 배웅했는데, 군자가 나무랐다. 三 翬迎女 齊侯送女 君子譏之
	제齊	희공 22년 二十二
	진晉	진나라 소자 원년 晉小子元年
	진秦	영공 7년 七
	초楚	무왕 32년 三十二
	송宋	장공 2년 二
	위衛	선공 10년 十

	진陳	환공 36년 三十六	
	채蔡	환후 6년 六	
	조曹	환공 48년 四十八	
	정鄭	장공 35년 三十五	
	연燕	선후 2년 二	
	오吳		
서기전 **708**	주周	환왕 12년 十二	
	노魯	환공 4년 四	
	제齊	희공 23년 二十三	
	진晉	소자 2년 二	
	진秦	영공 8년 八	
	초楚	무왕 33년 三十三	
	송宋	장공 3년 三	
	위衛	선공 11년 十一	
	진陳	환공 37년 三十七	

	채蔡	환후 7년 七
	조曹	환공 49년 四十九
	정鄭	장공 36년 三十六
	연燕	선후 3년 三
	오吳	
서기전 **707** 갑술甲戌	주周	환왕 13년. 정나라를 쳤다. 十三 伐鄭
	노魯	환공 5년 五
	제齊	희공 24년 二十四
	진晉	소자 3년 三
	진秦	영공 9년 九
	초楚	무왕 34년 三十四
	송宋	장공 4년 四
	위衛	선공 12년 十二
	진陳	환공 38년. 아우 타他가 태자 면免을 죽이고 대신 즉위하자 나라가 혼란에 빠져 부음을 재차 알렸다. 三十八 弟他殺太子免 代立 國亂 再赴 색은 他의 발음은 '다[徒何反]'이다. 진나라 대부 오보인데, 나중에 즉위하

		여 여공이 되었다. 音徒何反 陳大夫五父 後立爲厲公 신주 앞서 설명한 것처럼 의견이 분분하고 색은 주석 또한 다르다.
	채蔡	환후 8년 八
	조曹	환공 50년 五十
	정鄭	장공 37년. 주나라를 쳐서 왕을 부상 입혔다. 三十七 伐周 傷王 신주 왕이 정나라를 치고, 장공이 막는 과정에서 부상을 당했다.
	연燕	선후 4년 四
	오吳	
서기전 **706**	주周	환왕 14년 十四
	노魯	환공 6년 六
	제齊	희공 25년. 산융이 제나라를 쳤다. 二十五 山戎伐我 신주 당시 제나라는 황하를 넘어 갈 수 없으므로 산융은 태행산맥 중부나 하북성 중부지역으로 비정할 수 있다.
	진晉	곡옥의 무공이 소자를 죽였다. 주나라가 곡옥을 치고 진애후의 아우 민湣을 세워 진후로 삼았다. 진후 민 원년이다. 曲沃武公殺小子 周伐曲沃 立晉哀侯弟湣爲晉侯 晉侯湣元年 색은 湣의 발음은 '민롱'이다. 音룡 신주 무공이 소자를 죽인 것은 환왕 15년이며, 진후 민의 원년은 환왕 16년이 되어야 〈진세가〉 및 《좌전》의 기록과 부합한다.
	진秦	영공 10년 十

초楚	무왕 35년. 수나라를 침략했는데, 수나라가 선정을 베풀자 그만두었다. 三十五 侵隨 隨爲善政 得止	
송宋	장공 5년 五	
위衛	선공 13년 十三	
진陳	진나라 여공 타 원년 陳厲公他元年	
채蔡	환후 9년 九	
조曹	환공 51년 五十一	
정鄭	장공 38년. 태자 홀이 제나라를 산융의 침입에서 구원하자 제나라가 제나라 여인으로 처를 삼아주려 했다. 三十八 太子忽救齊 齊將妻之	
연燕	선후 5년 五	
오吳		
서기전 **705**	주周	환왕 15년 十五
	노魯	환공 7년 七
	제齊	희공 26년 二十六
	진晉	진후 민 2년 二
	진秦	영공 11년 十一

초楚	무왕 36년 三十六	
송宋	장공 6년 六	
위衛	선공 14년 十四	
진陳	여공 2년. 경중 완을 낳았는데, 주나라 태사가 점을 치니 완의 후 세가 제나라에서 왕이 된다고 했다. 二 生敬仲完 周史卜完後世王齊	
채蔡	환후 10년 十	
조曹	환공 52년 五十二	
정鄭	장공 39년 三十九	
연燕	선후 6년 六	
오吳		
서기전 **704**	주周	환왕 16년 十六
	노魯	환공 8년 八
	제齊	희공 27년 二十七
	진晉	진후 민 3년 三
	진秦	영공 12년 十二

	초楚	무왕 37년. 수나라를 쳤으나 빼앗지 못하였고, 다만 맹약을 맺고 군사를 물렸다. 三十七 伐隨 弗拔 但盟 罷兵
	송宋	장공 7년 七
	위衞	선공 15년 十五
	진陳	여공 3년 三
	채蔡	환후 11년 十一
	조曹	환공 53년 五十三
	정鄭	장공 40년 四十
	연燕	선후 7년 七
	오吳	
서기전 **703**	주周	환왕 17년 十七
	노魯	환공 9년 九
	제齊	희공 28년 二十八
	진晉	진후 민 4년 四
	진秦	진나라 출자 원년 秦出子元年

초楚	무왕 38년 三十八	
송宋	장공 8년 八	
위衛	선공 16년 十六	
진陳	여공 4년 四	
채蔡	환후 12년 十二	
조曹	환공 54년 五十四	
정鄭	장공 41년 四十一	
연燕	선후 8년 八	
오吳		
서기전 **702**	주周	환왕 18년 十八
	노魯	환공 10년 十
	제齊	희공 29년 二十九
	진晉	진후 민 5년 五
	진秦	출자 2년 二
	초楚	무왕 39년 三十九

송宋	장공 9년 九	
위衞	선공 17년 十七	
진陳	여공 5년 五	
채蔡	환후 13년 十三	
조曹	환공 55년 五十五	
정鄭	장공 42년 四十二	
연燕	선후 9년 九	
오吳		
서기전 **701**	주周	환왕 19년 十九
	노魯	환공 11년 十一
	제齊	희공 30년 三十
	진晉	진후 민 6년 六
	진秦	출자 3년 三
	초楚	무왕 40년 四十
	송宋	장공 10년. 정나라 제중을 붙잡았다. 十 執祭仲

위衞	선공 18년. 태자 급과 아우 수가 죽음을 다투었다. 十八 太子伋弟壽爭死 **신주** 《좌전》에는 노환공 16년(서기전 696)인데, 그때는 위혜공 시절이고 혜공이 쫓겨나던 해이다.	
진陳	여공 6년 六	
채蔡	환후 14년 十四	
조曹	조나라 장공 사고 원년 曹莊公射姑元年	
정鄭	장공 43년 四十三	
연燕	선후 10년 十	
오吳		
서기전 **700**	주周	환왕 20년 二十
	노魯	환공 12년 十二
	제齊	희공 31년 三十一
	진晉	진후 민 7년 七
	진秦	출자 4년 四
	초楚	무왕 41년 四十一
	송宋	장공 11년 十一

위衛	선공 19년 十九	
진陳	여공 7년. 여공이 채나라에서 음란하게 지내자 채나라에서 여공 을 살해했다. 七 公淫蔡 蔡殺公	
채蔡	환후 15년 十五	
조曹	장공 2년 二	
정鄭	정나라 여공 돌 원년 鄭厲公突元年	
연燕	선후 11년 十一	
오吳		
서기전 **699**	주周	환왕 21년 二十一
	노魯	환공 13년 十三
	제齊	희공 32년. 희공이 무지에게 녹봉과 의복을 태자와 같게 주었다. 三十二 釐公令毋知秩服如太子
	진晉	진후 민 8년 八
	진秦	출자 5년 五
	초楚	무왕 42년 四十二
	송宋	장공 12년 十二

위衛	위나라 혜공 삭 원년 衛惠公朔元年	
진陳	진나라 장공 림 원년. 환공의 아들이다. 陳莊公林元年 桓公子	
채蔡	환후 16년 十六	
조曹	장공 3년 三	
정鄭	여공 2년 二	
연燕	선후 12년 十二	
오吳		
서기전 698	주周	환왕 22년 二十二
	노魯	환공 14년 十四
	제齊	희공 33년 三十三
	진晉	진후 민 9년 九
	진秦	출자 6년. 삼보가 출자를 죽이고 그 형 무공을 세웠다. 六 三父殺出子 立其兄武公
	초楚	무왕 43년 四十三
	송宋	장공 13년 十三
	위衛	혜공 2년 二

진陳	장공 2년 二	
채蔡	환후 17년 十七	
조曹	장공 4년 四	
정鄭	여공 3년. 제후들이 정나라를 쳤는데, 송나라에 보답하려는 까닭이었다. 三 諸侯伐我 報宋故	
연燕	선후 13년 十三	
오吳		
서기전 **697** 갑신甲申	주周	환왕 23년 二十三
	노魯	환공 15년. 천왕이 수레를 요구했는데, 예의가 아니었다. 十五 天王求車 非禮
	제齊	제나라 양공 제아 원년. 무지의 녹봉과 의복을 깎아내리자 무지가 원망했다. 齊襄公諸兒元年 貶毋知秩服 毋知怨
	진晉	진후 민 10년 十
	진秦	진나라 무공 원년. 팽을 쳐서 화산에 이르렀다. 秦武公元年 伐彭 至華山
	초楚	무왕 44년 四十四
	송宋	장공 14년 十四
	위衛	혜공 3년. 혜공 삭이 제나라로 달아나자 검모를 세웠다. 三 朔奔齊 立黔牟

		신주 〈위강숙세가〉와 《춘추》에 혜공 삭이 달아난 것은 장왕 원년이라고 나온다. 그래야 이어지는 기년이 맞다.
	진陳	장공 3년 三
	채蔡	환후 18년 十八
	조曹	장공 5년 五
	정鄭	여공 4년. 제중이 홀을 세우자 여공이 탈출해 역 땅에 거처했다. 四 祭仲立忽 公出居櫟 **신주** 《사기지의》에 따르면, "《좌전》에는 여공은 채나라로 달아났다가 역으로 들어왔다."
	연燕	연나라 환후 원년 燕桓侯元年
	오吳	
서기전 **696**	주周	장왕 원년. 아들 퇴를 낳았다. 莊王元年 生子穨
	노魯	환공 16년. 환공이 조나라와 회맹하고, 정나라를 정벌할 것을 모의했다. 十六 公會曹 謀伐鄭
	제齊	양공 2년 二
	진晉	진후 민 11년 十一
	진秦	무공 2년 二
	초楚	무왕 45년 四十五

송宋	장공 15년 十五	
위衞	위나라 검모 원년 衞黔牟元年	
진陳	장공 4년 四	
채蔡	환후 19년 十九	
조曹	장공 6년 六	
정鄭	정나라 소공 홀 원년. 홀의 어머니는 등鄧나라 여인이었는데, 제 중이 그녀를 취했다. 鄭昭公忽元年 忽母鄧女 祭仲取之	
연燕	환후 2년 二	
오吳		
서기전 **695**	주周	장왕 2년. 아우 극이 있다. 二 有弟克
	노魯	환공 17년. 일식이 있었지만 날짜를 기록하지 않았는데, 사관이 빠뜨렸다. 十七 日食 不書日 官失之
	제齊	양공 3년 三
	진晉	진후 민 12년 十二
	진秦	무공 3년 三
	초楚	무왕 46년 四十六

송宋	장공 16년 十六	
위衛	검모 2년 二	
진陳	장공 5년 五	
채蔡	환후 20년 二十	
조曹	장공 7년 七	
정鄭	소공 2년. 거미가 소공을 살해했다. 二 渠彌殺昭公	
연燕	환후 3년 三	
오吳		
서기전 **694**	주周	장왕 3년 三
	노魯	환공 18년. 환공이 부인과 제나라에 갔는데, 제양공이 부인과 사통하고 팽생을 시켜 수레 위에서 환공을 죽였다. 十八 公與夫人如齊 齊侯通焉 使彭生殺公於車上
	제齊	양공 4년. 노환공을 죽이고, 팽생을 주살했다. 四 殺魯桓公 誅彭生
	진晉	진후 민 13년 十三
	진秦	무공 4년 四
	초楚	무왕 47년 四十七

송宋	장공 17년 十七	
위衛	검모 3년 三	
진陳	장공 6년 六	
채蔡	채나라 애후 헌무 원년 蔡哀侯獻舞元年	
조曹	장공 8년 八	
정鄭	정나라 자미 원년. 제나라가 자미를 죽였는데, 소공의 아우이다. 鄭子亹元年 齊殺子亹 昭公弟	
연燕	환후 4년 四	
오吳		
서기전 **693**	주周	장왕 4년. 주공이 왕을 죽이고 아들 극克을 세우려 했는데, 왕이 주공을 죽이자 극이 연나라로 달아났다. 四 周公欲殺王而立子克 王誅周公 克奔燕 신주 《사기지의》에 따르면, "《좌전》에는 노환공 18년(장왕 3년)의 일이다." 한편 여기 연나라는 소공 석이 봉해진 북연이 아니라 황제黃帝의 후손을 봉한 남연南燕이다.
	노魯	노나라 장공 동 원년 魯莊公同元年
	제齊	양공 5년 五
	진晉	진후 민 14년 十四
	진秦	무공 5년 五

초楚	무왕 48년 四十八	
송宋	장공 18년 十八	
위衛	검모 4년 四	
진陳	장공 7년 七	
채蔡	애후 2년 二	
조曹	장공 9년 九	
정鄭	정나라 자영 원년. 자미의 아우다. 鄭子嬰元年 子亹之弟 **신주** 《사기지의》에 따르면, "《좌전》에는 '자의子儀'라고 한다."	
연燕	환후 5년 五	
오吳		
서기전 **692**	주周	장왕 5년 五
	노魯	장공 2년 二
	제齊	양공 6년 六
	진晉	진후 민 15년 十五
	진秦	무공 6년 六

초楚	무왕 49년 四十九	
송宋	장공 19년 十九	
위衛	검모 5년 五	
진陳	진나라 선공 저구 원년. 저구는 장공의 아우다. 陳宣公杵臼元年 杵臼 莊公弟	
채蔡	애후 3년 三	
조曹	장공 10년 十	
정鄭	자영 2년 二	
연燕	환후 6년 六	
오吳		
서기전 **691**	주周	장왕 6년 六
	노魯	장공 3년 三
	제齊	양공 7년 七
	진晉	진후 민 16년 十六
	진秦	무공 7년 七
	초楚	무왕 50년 五十

송宋	송나라 민공 첩 원년 宋湣公捷元年	
위衛	검모 6년 六	
진陳	선공 2년 二	
채蔡	애후 4년 四	
조曹	장공 11년 十一	
정鄭	자영 3년 三	
연燕	환후 7년 七	
오吳		
서기전 **690**	주周	장왕 7년 七
	노魯	장공 4년 四
	제齊	양공 8년. 기紀나라를 치자 그들은 도읍을 버리고 떠났다. 八 伐紀 去其都邑
	진晉	진후 민 17년 十七
	진秦	무공 8년 八
	초楚	무왕 51년. 무왕이 수나라를 치면서 부인에게 두근거리는 마음을 알렸는데, 무왕은 군대 안에서 죽었다. 五十一 王伐隨 告夫人心動 王卒軍中

송宋	민공 2년 二	
위衛	검모 7년 七	
진陳	선공 3년 三	
채蔡	애후 5년 五	
조曹	장공 12년 十二	
정鄭	자영 4년 四	
연燕	연나라 장공 원년 燕莊公元年	
오吳		
서기전 **689**	주周	장왕 8년 八
	노魯	장공 5년. 제나라와 더불어 위나라를 치고 위혜공을 되돌려 보냈다. 五 與齊伐衛 納惠公
	제齊	양공 9년 九
	진晉	진후 민 18년 十八
	진秦	무공 9년 九
	초楚	초나라 문왕 자 원년. 처음으로 영郢에 도읍했다. 楚文王貲元年 始都郢
	송宋	민공 3년 三

위衛	검모 8년 八	
진陳	선공 4년 四	
채蔡	애후 6년 六	
조曹	장공 13년 十三	
정鄭	자영 5년 五	
연燕	장공 2년 二	
오吳		
서기전 **688**	주周	장왕 9년 九
	노魯	장공 6년 六
	제齊	양공 10년 十
	진晉	진후 민 19년 十九
	진秦	무공 10년 十
	초楚	문왕 2년. 신나라를 치며 등나라를 지나갔는데, 등나라 생甥이 초왕을 잡을 수 있다고 했지만 등후가 들어주지 않았다. 二 伐申 過鄧 鄧甥曰楚可取 鄧侯不許
	송宋	민공 4년 四

위衛	검모 9년 九	
진陳	선공 5년 五	
채蔡	애후 7년 七	
조曹	장공 14년 十四	
정鄭	자영 6년 六	
연燕	장공 3년 三	
오吳		
서기전 **687** 갑오甲午	주周	장왕 10년 十
	노魯	장공 7년. 성운이 비처럼 쏟아졌는데, 비와 함께 내렸다. 七 星隕如雨 與雨偕
	제齊	양공 11년 十一
	진晉	진후 민 20년 二十
	진秦	무공 11년 十一
	초楚	문왕 3년 三
	송宋	민공 5년 五
	위衛	검모 10년. 제나라가 혜공을 세우자 검모는 주나라로 달아났다. 十 齊立惠公 黔牟奔周

		신주 《사기지의》에 따르면, 앞뒤로 1년씩 늘어 10년이 되었다고 한다. 하지만 앞서 보았듯이 검모는 즉위 원년이 잘못되었을 뿐이고 쫓겨난 군주이므로 말년인 9년이 혜공 13년이 되는 것이 맞다. 〈위강숙세가〉에서 사마천도 그렇게 썼다.
	진陳	선공 6년 六
	채蔡	애후 8년 八
	조曹	장공 15년 十五
	정鄭	자영 7년 七
	연燕	장공 4년 四
	오吳	
서기전 **686**	주周	장왕 11년 十一
	노魯	장공 8년. 공자 규가 도망쳐 와서 관중과 함께 무지의 반란을 피했다. 八 子糾來奔 與管仲俱避毋知亂
	제齊	양공 12년. 무지가 군주를 죽이고 스스로 즉위했다. 十二 毋知殺君自立
	진晉	진후 민 21년 二十一
	진秦	무공 12년 十二
	초楚	문왕 4년 四
	송宋	민공 6년 六

	위衛	위혜공 삭이 들어와 복위했다. 14년째이다. 衛惠公朔復入 十四年
	진陳	선공 7년 七
	채蔡	애후 9년 九
	조曹	장공 16년 十六
	정鄭	자영 8년 八
	연燕	장공 5년 五
	오吳	
서기전 **685**	주周	장왕 12년 十二
	노魯	장공 9년. 노나라는 규를 들이려 했지만 소백에게 뒤처졌으며 제 나라는 노나라를 막아내고 관중을 살려서 보내도록 했다. 九 魯欲與糾入 後小白 齊距魯 使生致管仲
	제齊	제나라 환공 소백 원년. 봄에 제나라에서 무지를 죽였다. 齊桓公小白元年 春 齊殺毋知
	진晉	진후 민 22년 二十二
	진秦	무공 13년 十三
	초楚	문왕 5년 五
	송宋	민공 7년 七

위衛	혜공 15년 十五	
진陳	선공 8년 八	
채蔡	애후 10년 十	
조曹	장공 17년 十七	
정鄭	자영 9년 九	
연燕	장공 6년 六	
오吳		
서기전 **684**	주周	장왕 13년 十三
	노魯	장공 10년. 제나라가 노나라를 쳤는데, 규 때문이었다. 十 齊伐我 爲糾故
	제齊	환공 2년 二
	진晉	진후 민 23년 二十三
	진秦	무공 14년 十四
	초楚	문왕 6년. 식부인은 진陳나라 여인이었는데, 채나라를 지날 때 채나라가 예로 대하지 않았고 식후가 그것을 미워했다. 초나라가 채나라를 쳐서 애후를 잡아 돌아갔다. 六 息夫人 陳女 過蔡 蔡不禮 惡之 楚伐蔡 獲哀侯以歸
	송宋	민공 8년 八

위衞	혜공 16년 十六	
진陳	선공 9년 九	
채蔡	애후 11년. 초나라가 채나라의 애후를 포로로 잡아갔다. 十一 楚虜我侯	
조曹	장공 18년 十八	
정鄭	자영 10년 十	
연燕	장공 7년 七	
오吳		

<table>
<tr><td rowspan="8">서기전
683</td><td>주周</td><td>장왕 14년
十四</td></tr>
<tr><td>노魯</td><td>장공 11년. 장문중이 홍수가 난 송나라를 위로했다.
十一 臧文仲弔宋水</td></tr>
<tr><td>제齊</td><td>환공 3년
三</td></tr>
<tr><td>진晉</td><td>진후 민 24년
二十四</td></tr>
<tr><td>진秦</td><td>무공 15년
十五</td></tr>
<tr><td>초楚</td><td>문왕 7년
七</td></tr>
<tr><td>송宋</td><td>민공 9년. 홍수가 나자 민공이 스스로의 죄로 여겼다. 노나라 사자 장문중이 와서 위로했다.
九 宋大水 公自罪 魯使臧文仲來弔

신주 《사기지의》에 따르면, "《좌전》에는 '사使' 자만 있고 장문중의 이름은 없다."라고 했다.</td></tr>
</table>

	위衛	혜공 17년 十七
	진陳	선공 10년 十
	채蔡	애후 12년 十二
	조曹	장공 19년 十九
	정鄭	자영 11년 十一
	연燕	장공 8년 八
	오吳	
서기전 **682**	주周	장왕 15년 十五
	노魯	장공 12년 十二
	제齊	환공 4년 四
	진晉	진후 민 25년 二十五
	진秦	무공 16년 十六
	초楚	문왕 8년 八
	송宋	민공 10년. 만萬이 군주를 살해했고 구목은 의리를 지녔다. 十 萬殺君 仇牧有義
	위衛	혜공 18년 十八

진陳	선공 11년 十一	
채蔡	애후 13년 十三	
조曹	장공 20년 二十	
정鄭	자영 12년 十二	
연燕	장공 9년 九	
오吳		
서기전 **681**	주周	희왕 원년 釐王元年
	노魯	장공 13년. 조말이 제환공을 겁박하여 잃었던 땅을 돌려받았다. 十三 曹沫劫桓公 反所亡地
	제齊	환공 5년. 노나라 사람과 가柯 땅에서 회맹했다. 五 與魯人會柯
	진晉	진후 민 26년 二十六
	진秦	무공 17년 十七
	초楚	문왕 9년 九
	송宋	송나라 환공 어설 원년. 장공의 아들이다. 宋桓公御說元年 莊公子
	위衞	혜공 19년 十九
	진陳	선공 12년 十二

채蔡	애후 14년 十四	
조曹	장공 21년 二十一	
정鄭	자영 13년 十三	
연燕	장공 10년 十	
오吳		
서기전 680	주周	희왕 2년 二
	노魯	장공 14년 十四
	제齊	환공 6년 六
	진晉	진후 민 27년 二十七
	진秦	무공 18년 十八
	초楚	문왕 10년 十
	송宋	환공 2년 二
	위衞	혜공 20년 二十
	진陳	선공 13년 十三
	채蔡	애후 15년 十五

조曹	장공 22년 二十二	
정鄭	자영 14년 十四	
연燕	장공 11년 十一	
오吳		

서기전 **679**	주周	희왕 3년 三
	노魯	장공 15년 十五
	제齊	환공 7년. 처음으로 패자가 되어 견鄄에서 제후들과 회맹했다. 七 始霸 會諸侯于鄄
	진晉	진후 민 28년. 곡옥 무공이 진후 민湣을 멸하고 보물을 주나라에 바치자 주나라는 무공을 진나라 군주로 삼고 그 땅을 병탄하도 록 명했다. 二十八 曲沃武公滅晉侯湣 以寶獻周 周命武公爲晉君 幷其地 신주 민 26년이 되어야 한다는 견해도 있다.
	진秦	무공 19년 十九
	초楚	문왕 11년 十一
	송宋	환공 3년 三
	위衛	혜공 21년 二十一
	진陳	선공 14년 十四

채蔡	애후 16년 十六	
조曹	장공 23년 二十三	
정鄭	정나라 여공 후원년. 여공은 도망하여 17년 뒤에 다시 돌아왔다. 鄭厲公元年 厲公亡後十七歲復入	
연燕	장공 12년 十二	
오吳		
서기전 **678**	주周	희왕 4년 四
	노魯	장공 16년 十六
	제齊	환공 8년 八
	진晉	진무공 칭이 진나라를 합치고 이미 즉위한 지 38년인데, 원년을 고치지 않고 그의 원년에 기인했다. 晉武公稱幷晉 已立三十八年 不更元 因其元年 **신주** 《사기지의》에서는 무공의 즉위를 진나라 애후 2년으로 하여 이때를 무공 39년이라 했으나, 〈진세가〉에서 애후 2년에 장백이 죽고 무공이 이었다 고 하니 그 이듬해를 무공 원년으로 삼아야 할 것이다.
	진秦	무공 20년. 옹에 무공을 장사지내면서 처음으로 죽음에 다른 사 람을 따르게 했다. 二十 葬雍 初以人從死
	초楚	문왕 12년. 등나라를 쳐서 멸했다. 十二 伐鄧滅之
	송宋	환공 4년 四
	위衛	혜공 22년 二十二

	진陳	선공 15년 十五	
	채蔡	애후 17년 十七	
	조曹	장공 24년 二十四	
	정鄭	여공 후2년. 제후들이 정나라를 쳤다. 二 諸侯伐我	
	연燕	장공 13년 十三	
	오吳		
서기전 **677** 갑진甲辰	주周	희왕 5년 五	
	노魯	장공 17년 十七	
	제齊	환공 9년 九	
	진晉	무공 39년. 무공이 죽고 아들 궤제가 즉위하여 헌공이 되었다. 三十九 武公卒 子詭諸立 爲獻公	
	진秦	진나라 덕공 원년. 무공의 아우다. 秦德公元年 武公弟	
	초楚	문왕 13년 十三	
	송宋	환공 5년 五	
	위衛	혜공 23년 二十三	
	진陳	선공 16년 十六	

	채蔡	애후 18년 十八
	조曹	장공 25년 二十五
	정鄭	여공 후3년 三
	연燕	장공 14년 十四
	오吳	
서기전 **676**	주周	혜왕 원년. 진후를 취했다. 惠王元年 取陳后
	노魯	장공 18년 十八
	제齊	환공 10년 十
	진晉	진나라 헌공 궤제 원년 晉獻公詭諸元年
	진秦	덕공 2년. 처음으로 복날을 만들어 사祠社에 제사지내고, 개를 읍의 4문에 찢어 걸었다. 二 初作伏 祠社 磔狗邑四門
	초楚	초나라 도오 간 원년 楚堵敖囏元年 집해 서광이 말했다. "다른 판본에는 이름을 '동動'이라 했다." 徐廣曰 一作動 색은 초나라 두오杜敖 간囏이다. 囏의 발음은 '간艱'이다. 〈초세가〉에는 '장오莊敖'라 하고 유씨는 발음을 '장'이라 했는데, 여기서는 '두오'라 했다. 유씨는 또한 '도堵'라 했다. 堵와 杜는 소리가 서로 비슷하지만 〈초세가〉와는 어긋나는데, 그 이유는 자세하지 않다. 楚杜敖囏 音艱 系家作莊敖 劉音壯 此作杜敖 劉氏云亦作堵 堵杜聲相近 與系家乖 不詳其由也

		신주 《좌전》에 따르면 노장공 19년이므로 원년은 혜왕 2년이 되어야 한다. 《사기지의》에서는 장공 20년(혜왕 3년)이 원년이어야 한다고 하는데, 월년법을 따른 것이다.
	송宋	환공 6년 六
	위衛	혜공 24년 二十四
	진陳	선공 17년 十七
	채蔡	애후 19년 十九
	조曹	장공 26년 二十六
	정鄭	여공 후4년 四
	연燕	장공 15년 十五
	오吳	
서기전 **675**	주周	혜왕 2년. 연나라와 위나라가 왕을 치자 왕은 온溫 땅으로 달아났고, 아들 퇴頹를 세웠다. 二 燕衛伐王 王奔溫 立子頹 **신주** 《사기지의》에 따르면, 《좌전》에 두 나라가 처음 왕을 공격했다가 실패하자, 퇴가 온으로 달아났다. 이후 다시 공격하여 왕이 정나라 역櫟 땅으로 달아났다고 한다. 이에 따르면 〈주본기〉, 〈정세가〉, 〈위강숙세가〉의 기록은 잘못되었다. 한편 여기 연나라는 북연이 아니라 남연이다. 사마천은 북연과 남연을 특별히 구분하지 못했는데, 혹시 〈연소공세가〉의 혼란한 기록이 그 때문이 아닐까 한다.
	노魯	장공 19년 十九

제齊	환공 11년 十一	
진晉	헌공 2년 二	
진秦	진나라 선공 원년 秦宣公元年	
초楚	도오 2년 二	
송宋	환공 7년. 위나라 여인을 취했다. 위문공의 여동생이다. 七 取衞女 文公弟	
위衞	혜공 25년 二十五	
진陳	선공 18년 十八	
채蔡	애후 20년 二十	
조曹	장공 27년 二十七	
정鄭	여공 후5년 五	
연燕	장공 16년. 주나라 왕을 치자 왕은 온으로 달아났고 아들 퇴를 세웠다. 十六 伐王 王奔溫 立子穨	
오吳		
서기전 **674**	주周	혜왕 3년 三
	노魯	장공 20년 二十

제齊	환공 12년 十二	
진晉	헌공 3년 三	
진秦	선공 2년 二	
초楚	도오 3년 三	
송宋	환공 8년 八	
위衞	혜공 26년 二十六	
진陳	선공 19년 十九	
채蔡	채나라 목후 힐 원년 蔡穆侯肸元年	
조曹	장공 28년 二十八	
정鄭	여공 후6년 六	
연燕	장공 17년. 정나라가 연나라 중보를 붙잡았다. 十七 鄭執我仲父 **신주** 정나라는 중원에 있고 그 동쪽에 남연이 있다. 북연의 역사를 기록한 표와 세가에 이 기록이 들어간 것은 의아한 부분이다.	
오吳		
서기전 **673**	주周	혜왕 4년. 퇴를 죽이고 혜왕을 들였다. 四 誅穨 入惠王
	노魯	장공 21년 二十一

	제齊	환공 13년 十三
	진晉	헌공 4년 四
	진秦	선공 3년 三
	초楚	도오 4년 四
	송宋	환공 9년 九
	위衞	혜공 27년 二十七
	진陳	선공 20년 二十
	채蔡	목후 2년 二
	조曹	장공 29년 二十九
	정鄭	여공 후7년. 주나라의 난리를 구원하고 혜왕을 들여보냈다. 七 救周亂 入王
	연燕	장공 18년 十八
	오吳	
서기전 **672**	주周	혜왕 5년. 태자의 어머니가 일찍 죽었다. 혜후(태자의 어머니)가 숙대를 낳았다. 五 太子母早死 惠后生叔帶
	노魯	장공 22년 二十二

제齊	환공 14년. 진완이 진나라에서 도망 왔는데, 전상田常이 여기에서 비롯되었다. 十四 陳完自陳來奔 田常始此也 정의 제환공 14년이고, 진선공 21년이며, 주혜왕 5년이다. 齊桓公十四年 陳宣公二十一年 周惠王之五年
진晉	헌공 5년. 여융을 쳐서 여희를 얻었다. 五 伐驪戎 得姬
진秦	선공 4년. 밀치를 만들었다. 四 作密畤
초楚	도오 5년. 아우 운이 도오를 살해하고 스스로 즉위했다. 五 弟惲殺堵敖自立
송宋	환공 10년 十
위衛	혜공 28년 二十八
진陳	선공 21년. 여공의 아들 완이 제나라로 달아났다. 二十一 厲公子完奔齊
채蔡	목후 3년 三
조曹	장공 30년 三十
정鄭	정나라 문공 첩 원년 鄭文公捷元年
연燕	장공 19년 十九
오吳	
서기전 **671**	주周	혜왕 6년 六

노魯	장공 23년. 장공이 제나라로 가서 사社를 구경했다. 二十三 公如齊觀社	
제齊	환공 15년 十五	
진晉	헌공 6년 六	
진秦	선공 5년 五	
초楚	초나라 성왕 운 원년 楚成王惲元年	
송宋	환공 11년 十一	
위衛	혜공 29년 二十九	
진陳	선공 22년 二十二	
채蔡	목후 4년 四	
조曹	장공 31년 三十一	
정鄭	문공 2년 二	
연燕	장공 20년 二十	
오吳		

서기전 **670**	주周	혜왕 7년 七
	노魯	장공 24년 二十四

제齊	환공 16년 十六
진晉	헌공 7년 七
진秦	선공 6년 六
초楚	성왕 2년 二
송宋	환공 12년 十二
위衛	혜공 30년 三十
진陳	선공 23년 二十三
채蔡	목후 5년 五
조曹	조나라 희공 이 원년 曹釐公夷元年 신주 《춘추》에 나오는 적赤을 희공이라 하기도 한다.
정鄭	문공 3년 三
연燕	장공 21년 二十一
오吳	
서기전 669 주周	혜왕 8년 八
노魯	장공 25년 二十五

	제齊	환공 17년 十七
	진晉	헌공 8년. 옛 진후의 여러 공자를 모두 살해했다. 八 盡殺故晉侯羣公子
	진秦	선공 7년 七
	초楚	성왕 3년 三
	송宋	환공 13년 十三
	위衞	혜공 31년 三十一
	진陳	선공 24년 二十四
	채蔡	목후 6년 六
	조曹	희공 2년 二
	정鄭	문공 4년 四
	연燕	장공 22년 二十二
	오吳	
서기전 **668**	주周	혜왕 9년 九
	노魯	장공 26년 二十六
	제齊	환공 18년 十八

진晉	헌공 9년. 처음으로 강絳에 도읍하여 성을 쌓았다. 九 始城絳都	
진秦	선공 8년 八	
초楚	성왕 4년 四	
송宋	환공 14년 十四	
위衞	위나라 의공 적 원년 衞懿公赤元年	
진陳	선공 25년 二十五	
채蔡	목후 7년 七	
조曹	희공 3년 三	
정鄭	문공 5년 五	
연燕	장공 23년 二十三	
오吳		

서기전 **667** 갑인甲寅	주周	혜왕 10년. 제후에게 패자를 명했다. 十 賜齊侯命
	노魯	장공 27년 二十七
	제齊	환공 19년 十九

진晉	헌공 10년 十	
진秦	선공 9년 九	
초楚	성왕 5년 五	
송宋	환공 15년 十五	
위衛	의공 2년 二	
진陳	선공 26년 二十六	
채蔡	목후 8년 八	
조曹	희공 4년 四	
정鄭	문공 6년 六	
연燕	장공 24년 二十四	
오吳		
서기전 **666**	주周	혜왕 11년 十一
	노魯	장공 28년 二十八
	제齊	환공 20년 二十
	진晉	헌공 11년 十一

진秦	선공 10년 十	
초楚	성왕 6년 六	
송宋	환공 16년 十六	
위衛	의공 3년 三	
진陳	선공 27년 二十七	
채蔡	목후 9년 九	
조曹	희공 5년 五	
정鄭	문공 7년 七	
연燕	장공 25년 二十五	
오吳		
서기전 **665**	주周	혜왕 12년 十二
	노魯	장공 29년 二十九
	제齊	환공 21년 二十一
	진晉	헌공 12년. 태자 신생은 곡옥에 살고, 중이는 포성에 살고, 이오는 굴에 살았다. 여희 때문이었다. 十二 太子申生居曲沃 重耳居蒲城 夷吾居屈 驪姬故

진秦	선공 11년 十一	
초楚	성왕 7년 七	
송宋	환공 17년 十七	
위衛	의공 4년 四	
진陳	선공 28년 二十八	
채蔡	목후 10년 十	
조曹	희공 6년 六	
정鄭	문공 8년 八	
연燕	장공 26년 二十六	
오吳		
서기전 664	**주周**	혜왕 13년 十三
	노魯	장공 30년 三十
	제齊	환공 22년 二十二
	진晉	헌공 13년 十三
	진秦	선공 12년 十二

	초楚	성왕 8년 八
	송宋	환공 18년 十八
	위衛	의공 5년 五
	진陳	선공 29년 二十九
	채蔡	목후 11년 十一
	조曹	희공 7년 七
	정鄭	문공 9년 九
	연燕	장공 27년 二十七
	오吳	
서기전 **663**	주周	혜왕 14년 十四
	노魯	장공 31년 三十一
	제齊	환공 23년. 산융을 쳤는데, 연나라를 위해서다. 二十三 伐山戎 爲燕也 ■신주■ 《사기지의》에 따르면, 《좌전》과 〈연소공세가〉에는 환공 22년이고 〈제태공세가〉에는 23년이라 한다. 한편 앞서 산융이 제나라를 쳐서 위기에 빠뜨리자 정나라가 구원한 기록이 있고, 당시 춘추 각국의 판도로 볼 때 연나라는 아무리 멀리 잡아도 태행산맥 중부 이상 북쪽으로 올라갈 수 없었을 것으로 보인다.
	진晉	헌공 14년 十四

진秦	진나라 성공 원년 秦成公元年	
초楚	성왕 9년 九	
송宋	환공 19년 十九	
위衞	의공 6년 六	
진陳	선공 30년 三十	
채蔡	목후 12년 十二	
조曹	희공 8년 八	
정鄭	문공 10년 十	
연燕	장공 28년 二十八	
오吳		
서기전 **662**	주周	혜왕 15년 十五
	노魯	장공 32년. 장공의 아우 숙아가 짐독으로 죽었다. 경보가 자반을 죽였다. 계우가 진나라로 달아났고, 민공을 세웠다. 三十二 莊公弟叔牙鴆死 慶父弒子般 季友奔陳 立湣公
	제齊	환공 24년 二十四
	진晉	헌공 15년 十五

진秦	성공 2년 二	
초楚	성왕 10년 十	
송宋	환공 20년 二十	
위衛	의공 7년 七	
진陳	선공 31년 三十一	
채蔡	목후 13년 十三	
조曹	희공 9년 九	
정鄭	문공 11년 十一	
연燕	장공 29년 二十九	
오吳		
서기전 **661**	주周	혜왕 16년 十六
	노魯	노나라 민공 개 원년 魯湣公開元年
	제齊	환공 25년 二十五
	진晉	헌공 16년. 위魏, 경耿, 곽霍을 멸했다. 처음으로 조숙趙夙을 경에, 필만畢萬을 위에 봉했는데, 여기에서 비롯되었다. 十六 滅魏耿霍 始封趙夙耿 畢萬魏 始此

진秦	성공 3년 三	
초楚	성왕 11년 十一	
송宋	환공 21년 二十一	
위衞	의공 8년 八	
진陳	선공 32년 三十二	
채蔡	목후 14년 十四	
조曹	조나라 소공 원년 曹昭公元年	
정鄭	문공 12년 十二	
연燕	장공 30년 三十	
오吳		
서기전 **660**	주周	혜왕 17년 十七
	노魯	민공 2년. 경보가 민공을 죽였다. 계우가 진陳에서 신申을 세우니, 희공이다. 경보를 죽였다. 二 慶父殺湣公 季友自陳立申 爲釐公 殺慶父
	제齊	환공 26년 二十六
	진晉	헌공 17년. 신생이 장군이 되었고 군자는 그가 폐해질 것을 알았다. 十七 申生將軍 君子知其廢

진秦	성공 4년 四	
초楚	성왕 12년 十二	
송宋	환공 22년 二十二	
위衛	의공 9년. 적翟이 위나라를 쳤다. 의공은 학을 좋아하고 병사들은 싸우지 않았다. 적이 위나라를 멸하자 나라 사람들이 원망했다. 혜공이 난을 일으켜 그 후손을 멸하고, 다시 검모黔牟의 아우를 세웠다. 위나라 대공 원년이다. 九 翟伐我 公好鶴 士不戰 滅我國 國怨 惠公亂 滅其後 更立黔牟弟 衞戴公元年	
진陳	선공 33년 三十三	
채蔡	목후 15년 十五	
조曹	소공 2년 二	
정鄭	문공 13년 十三	
연燕	장공 31년 三十一	
오吳		

서기전 **659**	주周	혜왕 18년 十八
	노魯	노나라 희공 신 원년. 애강은 제나라에서 와서 상을 치렀다. 魯釐公申元年 哀姜喪自齊至
	제齊	환공 27년. 여동생인 노장공의 부인을 죽였는데, 음란했기 때문이다. 二十七 殺女弟魯莊公夫人 淫故

진晉	헌공 18년 十八	
진秦	진나라 목공 임호 원년 秦穆公任好元年	
초楚	성왕 13년 十三	
송宋	환공 23년 二十三	
위衛	위나라 문공 훼 원년. 대공의 아우다. 衞文公燬元年 戴公弟也	
진陳	선공 34년 三十四	
채蔡	목후 16년 十六	
조曹	소공 3년 三	
정鄭	문공 14년 十四	
연燕	장공 32년 三十二	
오吳		
서기전 **658**	주周	혜왕 19년 十九
	노魯	희공 2년 二
	제齊	환공 28년. 위나라를 위하여 초구에 성을 쌓았다. 융적의 침공을 구원하였다. 二十八 爲衞築楚丘 救戎狄伐

진晉	헌공 19년. 순식이 폐물로 우虞나라에 길을 빌려 괵虢을 치고, 하양을 멸했다. 十九 荀息以幣假道于虞以伐虢 滅下陽
진秦	목공 2년 二
초楚	성왕 14년 十四
송宋	환공 24년 二十四
위衛	문공 2년. 제환공이 제후들을 거느리고 위나라를 위하여 초구에 성을 쌓았다. 二 齊桓公率諸侯爲我城楚丘
진陳	선공 35년 三十五
채蔡	목후 17년 十七
조曹	소공 4년 四
정鄭	문공 15년 十五
연燕	장공 33년 三十三
오吳	
서기전 **657** 갑자甲子	주周	혜왕 20년 二十
	노魯	희공 3년 三
	제齊	환공 29년. 채희와 함께 뱃놀이를 했는데, 채희가 환공을 흔들자 환공이 노하여 채희를 돌려보냈다. 二十九 與蔡姬共舟 蕩公 公怒 歸蔡姬

진晉	헌공 20년 二十	
진秦	목공 3년 三	
초楚	성왕 15년 十五	
송宋	환공 25년 二十五	
위衞	문공 3년 三	
진陳	선공 36년 三十六	
채蔡	목후 18년. 채희 때문에 제나라가 채나라를 쳤다. 十八 以女故 齊伐我	
조曹	소공 5년 五	
정鄭	문공 16년 十六	
연燕	연나라 양공 원년 燕襄公元年	
오吳		
서기전 **656**	주周	혜왕 21년 二十一
	노魯	희공 4년 四
	제齊	환공 30년. 제후를 거느리고 채나라를 치자 채나라는 무너졌고, 마침내 초나라를 쳐서 포모包茅의 공물에 대해 꾸짖었다. 三十 率諸侯伐蔡 蔡潰 遂伐楚 責包茅貢

진晉	헌공 21년. 신생이 여희의 참소로 자살했다. 중이는 포로 달아났고 이오는 굴로 달아났다. 二十一 申生以驪姬讒自殺 重耳奔蒲 夷吾奔屈	
진秦	목공 4년. 부인을 진나라에서 맞았다. 四 迎婦于晉	
초楚	성왕 16년. 제나라가 초나라를 쳐서 형陘에 이르자 굴완을 시켜 맹약했다. 十六 齊伐我 至陘 使屈完盟	
송宋	환공 26년 二十六	
위衞	문공 4년 四	
진陳	선공 37년 三十七	
채蔡	목후 19년 十九	
조曹	소공 6년 六	
정鄭	문공 17년 十七	
연燕	양공 2년 二	
오吳		
서기전 **655**	주周	혜왕 22년 二十二
	노魯	희공 5년 五
	제齊	환공 31년 三十一

진晉	헌공 22년. 우와 괵을 멸했다. 중이가 적으로 달아났다. 二十二 滅虞虢 重耳奔狄	
진秦	목공 5년 五	
초楚	성왕 17년 十七	
송宋	환공 27년 二十七	
위衛	문공 5년 五	
진陳	선공 38년 三十八	
채蔡	목후 20년 二十	
조曹	소공 7년 七	
정鄭	문공 18년 十八	
연燕	양공 3년 三	
오吳		
서기전 **654**	주周	혜왕 23년 二十三
	노魯	희공 6년 六
	제齊	환공 32년. 제후를 거느리고 정나라를 쳤다. 三十二 率諸侯伐鄭
	진晉	헌공 23년. 이오가 양으로 달아났다. 二十三 夷吾奔梁

진秦	목공 6년 六	
초楚	성왕 18년. 허許를 쳤는데, 허나라 군주가 웃통을 벗고 사죄하자 초나라가 받아들였다. 十八 伐許 許君肉袒謝 楚從之	
송宋	환공 28년 二十八	
위衞	문공 6년 六	
진陳	선공 39년 三十九	
채蔡	목후 21년 二十一	
조曹	소공 8년 八	
정鄭	문공 19년 十九	
연燕	양공 4년 四	
오吳		
서기전 **653**	주周	혜왕 24년 二十四
	노魯	희공 7년 七
	제齊	환공 33년 三十三
	진晉	헌공 24년 二十四

진秦	목공 7년 七	
초楚	성왕 19년 十九	
송宋	환공 29년 二十九	
위衛	문공 7년 七	
진陳	선공 40년 四十	
채蔡	목후 22년 二十二	
조曹	소공 9년 九	
정鄭	문공 20년 二十	
연燕	양공 5년 五	
오吳		
서기전 **652**	**주**周	혜왕 25년. 양왕이 즉위했는데, 태숙을 두려워했다. 二十五 襄王立 畏太叔 집해 서광이 말했다. "황보밀은 24년에 혜왕이 붕어했다고 한다." 徐廣曰 皇甫謐云二十四年惠王崩
	노魯	희공 8년 八
	제齊	환공 34년 三十四
	진晉	헌공 25년. 적을 쳤는데, 중이 때문이었다. 二十五 伐翟 以重耳故

		신주 《사기지의》에서는, 《좌전》 문장을 살피면 헌공 24년에 적이 진을 치다가 채상采桑에서 패했다고 한다. 다시 25년에 진나라와 적국이 싸웠다. 24년 이전에 이미 중이는 적으로 달아난 상태였다.
	진秦	목공 8년 八
	초楚	성왕 20년 二十
	송宋	환공 30년. 환공이 병에 걸리자 태자 자보는 형 목이가 현명하다고 하여 양보했으나 환공이 들어주지 않았다. 三十 公疾 太子玆父讓兄目夷賢 公不聽
	위衛	문공 8년` 八
	진陳	선공 41년 四十一
	채蔡	목후 23년 二十三
	조曹	조나라 공공 원년 曹共公元年
	정鄭	문공 21년 二十一
	연燕	양공 6년 六
	오吳	
서기전 **651**	주周	양왕 원년. 제후들이 왕을 세웠다. 襄王元年 諸侯立王
	노魯	희공 9년. 제나라가 노나라를 거느리고 진나라의 난을 정벌하여 고량에 이르렀다가 돌아왔다. 九 齊率我伐晉亂 至高梁還

제齊	환공 35년. 여름에 제후들과 규구에서 회맹했다. 천자가 재공을 시켜 (제사 지낸) 고기를 보내고 절하는 일이 없도록 명했다. 三十五 夏 會諸侯于葵丘 天子使宰孔賜胙 命無拜	
진晉	헌공 26년. 헌공이 죽고 해제를 세웠는데, 이극이 그를 죽이고 탁자도 죽였다. 이오를 세웠다. 二十六 公卒 立奚齊 里克殺之 及卓子 立夷吾	
진秦	목공 9년. 이오가 극예를 시켜 뇌물을 바치고 들어올 것을 요구했다. 九 夷吾使郤芮賂 求入	
초楚	성왕 21년 二十一	
송宋	환공 31년. 환공이 죽고 아직 장사지내지 않았는데, 제환공이 규구에서 회맹했다. 三十一 公薨 未葬 齊桓會葵丘	
위衛	문공 9년 九	
진陳	선공 42년 四十二	
채蔡	목후 24년 二十四	
조曹	공공 2년 二	
정鄭	문공 22년 二十二	
연燕	양공 7년 七	
오吳		
서기전 **650**	주周	양왕 2년 二

노魯	희공 10년 十	
제齊	환공 36년. 습붕을 시켜 진혜공을 세웠다. 三十六 使隰朋立晉惠公	
진晉	진나라 혜공 이오 원년. 이극을 죽이고 진秦과의 약속을 배신했다. 晉惠公夷吾元年 誅里克 倍秦約	
진秦	목공 10년. 진晉나라 비정의 아들 표豹가 도망하여 왔다. 十 丕鄭子豹亡來	
초楚	성왕 22년 二十二	
송宋	송나라 양공 자보 원년. 목이가 재상이 되었다. 宋襄公茲父元年 目夷相	
위衛	문공 10년 十	
진陳	선공 43년 四十三	
채蔡	목후 25년 二十五	
조曹	공공 3년 三	
정鄭	문공 23년 二十三	
연燕	양공 8년 八	
오吳		
서기전 **649**	주周	양왕 3년. 융이 주나라를 쳤는데, 태숙 대帶가 그들을 불러들였다. 숙대를 죽이려고 하자 숙대가 제나라로 달아났다. 三 戎伐我 太叔帶召之 欲誅叔帶 叔帶奔齊 **신주** 《사기지의》에 따르면, 양왕 4년이다.

노魯	희공 11년 十一	
제齊	환공 37년 三十七	
진晉	혜공 2년 二	
진秦	목공 11년. (주나라) 왕을 구원하고자 융을 치자 융이 떠나갔다. 十一 救王伐戎 戎去	
초楚	성왕 23년. 황나라를 쳤다. 二十三 伐黃	
송宋	양공 2년 二	
위衛	문공 11년 十一	
진陳	선공 44년 四十四	
채蔡	목후 26년 二十六	
조曹	공공 4년 四	
정鄭	문공 24년. 문공의 첩이 하늘에서 난초를 주는 꿈을 꾸고 목공 란蘭을 낳았다. 二十四 有妾夢天與之蘭 生穆公蘭	
연燕	양공 9년 九	
오吳		
서기전 **648**	주周	양왕 4년 四

노魯	희공 12년 十二	
제齊	환공 38년. 관중을 시켜 주나라에서 융을 평정했는데, 상경의 예로 대하려 하자 관중은 사양하고 하경의 예를 받았다. 三十八 使管仲平戎于周 欲以上卿禮 讓 受下卿	
진晉	혜공 3년 三	
진秦	목공 12년 十二	
초楚	성왕 24년 二十四	
송宋	양공 3년 三	
위衛	문공 12년 十二	
진陳	선공 45년 四十五	
채蔡	목후 27년 二十七	
조曹	공공 5년 五	
정鄭	문공 25년 二十五	
연燕	양공 10년 十	
오吳		
서기전 **647** 갑술甲戌	주周	양왕 5년 五

노魯	희공 13년 十三	
제齊	환공 39년. 중손으로 하여금 왕에게 청해 숙대에 관해 말하려 했으나 왕이 노했다. 三十九 使仲孫請王 言叔帶 王怒	
진晉	혜공 4년. 기근이 들자 곡식을 청했는데, 진秦나라가 주었다. 四 饑 請粟 秦與我	
진秦	목공 13년. 비표丕豹가 주지 말라고 했으나 목공이 듣지 않고 진晉에 곡식을 수송하여, 옹에서 강絳에 이르렀다. 十三 丕豹欲無與 公不聽 輸晉粟 起雍至絳	
초楚	성왕 25년 二十五	
송宋	양공 4년 四	
위衞	문공 13년 十三	
진陳	진나라 목공 관 원년 陳穆公款元年	
채蔡	목후 28년 二十八	
조曹	공공 6년 六	
정鄭	문공 26년 二十六	
연燕	양공 11년 十一	
오吳		
서기전 **646**	주周	양왕 6년 六

노魯	희공 14년 十四
제齊	환공 40년 四十
진晉	혜공 5년. 진秦이 기근이 들자 곡식을 청했는데, 진晉이 배신했다. 五 秦饑 請粟 晉倍之
진秦	목공 14년 十四
초楚	성왕 26년. 육나라와 영나라를 멸했다. 二十六 滅六英 　신주　《사기지의》에 따르면, 《춘추》에서는 노문공 5년으로 초목왕 4년에 해당한다고 했다.
송宋	양공 5년 五
위衛	문공 14년 十四
진陳	목공 2년 二
채蔡	목후 29년 二十九
조曹	공공 7년 七
정鄭	문공 27년 二十七
연燕	양공 12년 十二
오吳	
서기전 **645**	주周	양왕 7년 七

노魯	희공 15년. 5월에 일식이 있었다. 기록되지 않았는데, 사관이 빠뜨렸다. 十五 五月 日有食之 不書 史官失之	
제齊	환공 41년 四十一	
진晉	혜공 6년. 진秦이 혜공을 포로로 잡았다가 다시 세웠다. 六 秦虜惠公 復立之	
진秦	목공 15년. 좋은 말을 훔쳐 먹은 전사들이 진晉을 쳐부수고 혜공을 잡았다. 十五 以盜食善馬士得破晉	
초楚	성왕 27년 二十七	
송宋	양공 6년 六	
위衛	문공 15년 十五	
진陳	목공 3년 三	
채蔡	채나라 장후 갑오 원년 蔡莊侯甲午元年	
조曹	공공 8년 八	
정鄭	문공 28년 二十八	
연燕	양공 13년 十三	
오吳		
서기전 **644**	주周	양왕 8년 八

노魯	희공 16년 十六
제齊	환공 42년. 왕이 융의 노략질을 제나라에 알리자 제나라는 제후들을 징발하여 주나라를 지켰다. 四十二 王以戎寇告齊 齊徵諸侯戍周
진晉	혜공 7년. 중이가 관중의 죽음을 듣고 적을 떠나 제나라로 갔다. 七 重耳聞管仲死 去翟之齊
진秦	목공 16년. 하동에 관사를 설치했다. 十六 爲河東置官司 　신주　《사기지의》에 따르면, 《좌전》과 〈진본기〉에는 목공 15년이라고 한다.
초楚	성왕 28년 二十八
송宋	양공 7년. 운석이 5개 떨어졌다. 6마리의 익조鷁鳥가 뒤로 날아 송나라 도성을 지나갔다. 七 隕五石 六鷁退飛 過我都
위衛	문공 16년 十六
진陳	목공 4년 四
채蔡	장후 2년 二
조曹	공공 9년 九
정鄭	문공 29년 二十九
연燕	양공 14년 十四
오吳	

서기전 **643**	주周	양왕 9년 九
	노魯	희공 17년 十七
	제齊	환공 43년 四十三
	진晉	혜공 8년 八
	진秦	목공 17년 十七
	초楚	성왕 29년 二十九
	송宋	양공 8년 八
	위衞	문공 17년 十七
	진陳	목공 5년 五
	채蔡	장후 3년 三
	조曹	공공 10년 十
	정鄭	문공 30년 三十
	연燕	양공 15년 十五
	오吳	
서기전 **642**	주周	양왕 10년 十

노魯	희공 18년 十八	
제齊	제나라 효공 소 원년 齊孝公昭元年	
진晉	혜공 9년 九	
진秦	목공 18년 十八	
초楚	성왕 30년 三十	
송宋	양공 9년 九	
위衞	문공 18년 十八	
진陳	목공 6년 六	
채蔡	장후 4년 四	
조曹	공공 11년 十一	
정鄭	문공 31년 三十一	
연燕	양공 16년 十六	
오吳		
서기전 **641**	주周	양왕 11년 十一
	노魯	희공 19년 十九

제齊	효공 2년 二	
진晉	혜공 10년 十	
진秦	목공 19년. 양나라를 멸했다. 양나라는 성 쌓는 것을 좋아하여 편히 살지 못하니, 백성들이 고달프고 서로 두려워하여 망했다. 十九 滅梁 梁好城 不居 民罷 相驚 故亡 색은 (梁好城에서) 앞의 '梁' 자는 거성(성조. 4성 중 하나)이다. 上去聲 색은 (罷의) 발음은 '피皮'다. 音皮	
초楚	성왕 31년 三十一	
송宋	양공 10년 十	
위衛	문공 19년 十九	
진陳	목공 7년 七	
채蔡	장후 5년 五	
조曹	공공 12년 十二	
정鄭	문공 32년 三十二	
연燕	양공 17년 十七	
오吳		
서기전 **640**	주周	양왕 12년 十二

노魯	희공 20년 二十	
제齊	효공 3년 三	
진晉	혜공 11년 十一	
진秦	목공 20년 二十	
초楚	성왕 32년 三十二	
송宋	양공 11년 十一	
위衛	문공 20년 二十	
진陳	목공 8년 八	
채蔡	장후 6년 六	
조曹	공공 13년 十三	
정鄭	문공 33년 三十三	
연燕	양공 18년 十八	
오吳		
서기전 **639**	주周	양왕 13년 十三
	노魯	희공 21년 二十一

제齊	효공 4년 四	
진晉	혜공 12년 十二	
진秦	목공 21년 二十一	
초楚	성왕 33년. 송나라 양공을 붙잡았다가 다시 돌려보냈다. 三十三 執宋襄公 復歸之	
송宋	양공 12년. 초나라를 불러 맹약했다. 十二 召楚盟	
위衛	문공 21년 二十一	
진陳	목공 9년 九	
채蔡	장후 7년 七	
조曹	공공 14년 十四	
정鄭	문공 34년 三十四	
연燕	양공 19년 十九	
오吳		
서기전 **638**	주周	양왕 14년. 숙대가 다시 주나라로 돌아왔다. 十四 叔帶復歸於周
	노魯	희공 22년 二十二
	제齊	효공 5년. 왕의 아우 대를 돌려보냈다. 五 歸王弟帶

진晉	혜공 13년. 태자 어가 진秦나라에 인질이 되었다가 도망하여 돌아왔다. 十三 太子圉質秦亡歸 색은 진혜공 이오의 아들이다. 圉의 발음은 '어禦'이다. 質의 발음은 '치致'이며 또 가장 통상적인 발음으로 읽는다. 晉惠公夷吾之子也 圉音禦 質音致 又如字也
진秦	목공 22년 二十二
초楚	성왕 34년 三十四
송宋	양공 13년. 홍수泓水 전투에서 초나라가 양공을 무찔렀다. 十三 泓之戰 楚敗公 색은 《곡량전》에는 "홍수 위에서 싸웠다."라고 했다. 〈송미자세가〉에는 "13년 송나라 군사가 대패하고 양공이 부상을 당했다."라고 했다. 穀梁傳戰於泓水之上 系家云十三年宋師大敗 公傷股
위衛	문공 22년 二十二
진陳	목공 10년 十
채蔡	장후 8년 八
조曹	공공 15년 十五
정鄭	문공 35년. 군주가 초나라에 갔고 송나라가 정나라를 쳤다. 三十五 君如楚 宋伐我
연燕	양공 20년 二十
오吳	

서기전 **637** 갑신甲申	주周	양왕 15년 十五
	노魯	희공 23년 二十三
	제齊	효공 6년. 송나라를 쳤는데, 그들이 회맹에 함께하지 않아서이다. 六 伐宋 以其不同盟
	진晉	혜공 14년. 어가 즉위했으니 회공이다. 十四 圉立 爲懷公
	진秦	목공 23년. 중이를 초나라에서 맞이하여 두텁게 예우하고 딸을 처로 삼아 주었다. 중이가 돌아갈 것을 원했다. 二十三 迎重耳於楚 厚禮之 妻之女 重耳願歸
	초楚	성왕 35년. 중이가 지나갈 때 두텁게 예우했다. 三十五 重耳過 厚禮之
	송宋	양공 14년. 양공이 홍수 전투 때 입은 부상이 도져 죽었다. 十四 公疾死泓戰
	위衞	문공 23년. 중이가 제나라를 좇아 지나갈 때 무례했다. 二十三 重耳從齊過 無禮
	진陳	목공 11년 十一
	채蔡	장후 9년 九
	조曹	공공 16년. 중이가 지나갈 때 무례했는데, 희부기가 개인적으로 잘 대해주었다. 十六 重耳過 無禮 僖負羈私善
	정鄭	문공 36년. 중이가 지나갈 때 무례했는데, 숙첨이 간했다. 三十六 重耳過 無禮 叔詹諫
	연燕	양공 21년 二十一
	오吳	

서기전 **636**	주周	양왕 16년. 양왕이 사氾 땅으로 달아났다. 사氾는 정나라 땅이다. 十六 王奔氾 氾 鄭地也 [색은] 氾의 발음은 '사似'와 '범凡' 두 가지다. 似凡兩音
	노魯	희공 24년 二十四
	제齊	효공 7년 七
	진晉	진나라 문공 원년. 자어 회공을 죽였다. 위무자가 위대부가 되었 고, 조사趙衰가 원대부가 되었다. 구범이 말했다. "패자가 되려면 왕을 들여보내는 것 만한 게 없습니다." 晉文公元年 誅子圉 魏武子爲魏大夫 趙衰爲原大夫 咎犯曰 求霸莫如內王 [신주] 구범의 말은 문공 2년 양왕을 다시 들인 것에 따라야 맞다. 여기에 잘 못 끼워 넣었다.
	진秦	목공 24년. 병사를 딸려 중이를 보냈다. 二十四 以兵送重耳
	초楚	성왕 36년 三十六
	송宋	송나라 성공 왕신 원년 宋成公王臣元年
	위衛	문공 24년 二十四
	진陳	목공 12년 十二
	채蔡	장후 10년 十
	조曹	공공 17년 十七

정鄭	문공 37년 三十七	
연燕	양공 22년 二十二	
오吳		
서기전 **635**	주周	양왕 17년. 진나라가 양왕을 되돌려 보냈다. 十七 晉納王
	노魯	희공 25년 二十五
	제齊	효공 8년 八
	진晉	문공 2년 二
	진秦	목공 25년. 양왕을 들여보내려고 하수 근처에 주둔했다. 二十五 欲內王 軍河上
	초楚	성왕 37년 三十七
	송宋	성공 2년 二
	위衛	문공 25년 二十五
	진陳	목공 13년 十三
	채蔡	장후 11년 十一
	조曹	공공 18년 十八
	정鄭	문공 38년 三十八

연燕	양공 23년 二十三	
오吳		
서기전 **634**	주周	양왕 18년 十八
	노魯	희공 26년 二十六
	제齊	효공 9년 九
	진晉	문공 3년. 송나라를 굴복시켰다. 三 宋服
	진秦	목공 26년 二十六
	초楚	성왕 38년 三十八
	송宋	성공 3년. 초나라를 배신하고 진晉과 가까이 지냈다. 三 倍楚親晉
	위衞	위나라 성공 정 원년 衞成公鄭元年
	진陳	목공 14년 十四
	채蔡	장후 12년 十二
	조曹	공공 19년 十九
	정鄭	문공 39년 三十九
	연燕	양공 24년 二十四

	오吳	
서기전 **633**	주周	양왕 19년 十九
	노魯	희공 27년 二十七
	제齊	효공 10년. 효공이 죽었는데, 아우 반은 위나라 공자 개방과 연결하여 효공의 아들을 죽이고 즉위했다. 十 孝公薨 弟潘因衞公子開方殺孝公子 立潘
	진晉	문공 4년. 송나라를 구원하고 조나라와 위나라에서의 치욕을 보복했다. 四 救宋 報曹衞恥
	진秦	목공 27년 二十七
	초楚	성왕 39년. 자옥을 시켜 송나라를 쳤다. 三十九 使子玉伐宋
	송宋	성공 4년. 초나라가 송나라를 치자 송나라가 진晉에 위급함을 알렸다. 四 楚伐我 我告急於晉
	위衞	성공 2년 二
	진陳	목공 15년 十五
	채蔡	장후 13년 十三
	조曹	공공 20년 二十
	정鄭	문공 40년 四十
	연燕	양공 25년 二十五

	오吳	
서기전 **632**	**주周**	양왕 20년. 왕이 하양에서 사냥했다. 二十 王狩河陽
	노魯	희공 28년. 희공이 천토로 가서 조회에 모였다. 二十八 公如踐土會朝
	제齊	제나라 소공 반 원년. 진과 회맹하여 초나라를 무찌르고 주나라 왕에게 조회했다. 齊昭公潘元年 會晉敗楚 朝周王
	진晉	문공 5년. 조나라와 위나라를 침입하여 오록 땅을 취하고, 조백을 붙잡았다. 제후들이 초나라를 무찌르고 하양에서 조회하자 주나라가 문공에게 토지를 준다고 명했다. 五 侵曹伐衛 取五鹿 執曹伯 諸侯敗楚而朝河陽 周命賜公土地 **신주** 〈진세가〉에 따르면, 토지를 준 것은 문공 2년에 양왕을 복귀시켜 준 다음이며, 이때는 각종 사은품을 받았다.
	진秦	목공 28년. 진晉나라와 회맹하여 초나라를 치고 주나라에 조회했다. 二十八 會晉伐楚朝周
	초楚	성왕 40년. 진晉나라가 성복에서 자옥을 무찔렀다. 四十 晉敗子玉于城濮
	송宋	성공 5년. 진晉나라가 송나라를 구원하자 초나라 병사가 물러갔다. 五 晉救我 楚兵去
	위衛	성공 3년. 진晉나라가 위나라를 쳐서 오록 땅을 취했다. 성공이 탈출해 달아났는데, 공자 하瑕를 세워 진晉과 모여 조회하자 위나라로 다시 돌아왔다. 三 晉伐我 取五鹿 公出奔 立公子瑕會晉朝 復歸衛
	진陳	목공 16년. 진晉나라와 회맹하여 초나라를 치고 주왕에게 조회했다. 十六 會晉伐楚 朝周王

채蔡		장후 14년. 진晉나라와 회맹하여 초나라를 치고 주왕에게 조회했다. 十四 會晉伐楚 朝周王
		신주 《사기지의》에 따르면, 《좌전》의 말에 따라 진과 채는 원래 초나라를 따르다가 초나라가 패하자 진나라에 붙어 회맹했다고 한다.
조曹		공공 21년. 진晉나라가 조나라를 쳐서 공공을 붙잡았다가 복귀시 켰다. 二十一 晉伐我 執公 復歸之
정鄭		문공 41년 四十一
연燕		양공 26년 二十六
오吳		
서기전 **631**	주周	양왕 21년 二十一
	노魯	희공 29년 二十九
	제齊	소공 2년 二
	진晉	문공 6년 六
	진秦	목공 29년 二十九
	초楚	성왕 41년 四十一
	송宋	성공 6년 六
	위衛	성공 4년. 진晉이 위나라를 (일부) 송나라에 주었다. 四 晉以衛與宋

진陳	진나라 공공 삭 원년 陳共公朔元年	
채蔡	장후 15년 十五	
조曹	공공 22년 二十二	
정鄭	문공 42년 四十二	
연燕	양공 27년 二十七	
오吳		
서기전 **630**	주周	양왕 22년 二十二
	노魯	희공 30년 三十
	제齊	소공 3년 三
	진晉	문공 7년. 주나라가 (진문공에게) 위성공을 돌려보낼 것을 요청하였다. 진秦과 더불어 정나라를 포위했다. 七 聽周歸衛成公 與秦圍鄭
	진秦	목공 30년. 정나라를 포위했는데, 정나라 사람이 이해득실을 말하자 진나라는 곧 물러났다. 三十 圍鄭 有言即去
	초楚	성왕 42년 四十二
	송宋	성공 7년 七
	위衛	성공 5년. 주나라가 성공을 들여보내 위나라로 복귀시켰다. 五 周入成公 復衛

진陳	공공 2년 二	
채蔡	장후 16년 十六	
조曹	공공 23년 二十三	
정鄭	문공 43년. 진秦과 진晉이 정나라를 포위했는데, 진晉나라 때문이었다. 四十三 秦晉圍我 以晉故	
연燕	양공 28년 二十八	
오吳		

서기전 **629**	주周	양왕 23년 二十三
	노魯	희공 31년 三十一
	제齊	소공 4년 四
	진晉	문공 8년 八
	진秦	목공 31년 三十一
	초楚	성왕 43년 四十三
	송宋	성공 8년 八
	위衛	성공 6년 六

	진陳	공공 3년 三
	채蔡	장후 17년 十七
	조曹	공공 24년 二十四
	정鄭	문공 44년 四十四
	연燕	양공 29년 二十九
	오吳	
서기전 **628**	주周	양왕 24년 二十四
	노魯	희공 32년 三十二
	제齊	소공 5년 五
	진晉	문공 9년. 문공이 죽었다. 九 文公薨
	진秦	목공 32년. 장차 정나라를 습격하려는데, 건숙이 불가하다고 했다. 三十二 將襲鄭 蹇叔曰不可
	초楚	성왕 44년 四十四
	송宋	성공 9년 九
	위衛	성공 7년 七
	진陳	공공 4년 四

	채蔡	장후 18년 十八
	조曹	공공 25년 二十五
	정鄭	문공 45년. 문공이 죽었다. 四十五 文公薨
	연燕	양공 30년 三十
	오吳	
서기전 **627** 갑오甲午	주周	양왕 25년 二十五
	노魯	희공 33년. 희공이 죽었다. 三十三 僖公薨
	제齊	소공 6년. 적이 제나라를 침입했다. 六 狄侵我
	진晉	진나라 양공 환 원년. 진秦을 효殽에서 깨뜨렸다. 晉襄公驩元年 破秦于殽
	진秦	목공 33년. 정나라를 습격했는데 진晉이 진秦을 효에서 무찔렀다. 三十三 襲鄭 晉敗我殽
	초楚	성왕 45년 四十五
	송宋	성공 10년 十
	위衛	성공 8년 八
	진陳	공공 5년 五
	채蔡	장후 19년 十九

조曹	공공 26년 二十六	
정鄭	정나라 목공 란 원년. 진秦이 정나라를 습격했는데, 현고가 그들 을 속였다. 鄭穆公蘭元年 秦襲我 弦高詐之	
연燕	양공 31년 三十一	
오吳		

서기전 **626**	주周	양왕 26년 二十六
	노魯	노나라 문공 흥 원년 魯文公興元年
	제齊	소공 7년 七
	진晉	양공 2년. 위나라를 치자 위나라가 진晉을 쳤다. 二 伐衞 衞伐我
	진秦	목공 34년. 효에서 패한 장수들이 도망쳐 돌아오자 목공이 그들 의 관직을 복위시켰다. 三十四 敗殽將亡歸 公復其官
	초楚	성왕 46년. 성왕이 태자를 죽이고 직職을 세우려 하자 태자가 원 망하고 스승 반숭과 더불어 성왕을 살해했다. 성왕은 곰발바닥 요리를 먹고 죽고 싶다고 했으나 들어주지 않았다. 태자가 스스 로 즉위하여 왕이 되었다. 四十六 王欲殺太子立職 太子恐 與傅潘崇殺王 王欲食熊蹯死 不聽 自立爲王
	송宋	성공 11년 十一
	위衞	성공 9년. 진晉이 위나라를 치자 위나라가 진晉을 쳤다. 九 晉伐我 我伐晉

진陳	공공 6년 六	
채蔡	장후 20년 二十	
조曹	공공 27년 二十七	
정鄭	목공 2년 二	
연燕	양공 32년 三十二	
오吳		
서기전 **625**	주周	양왕 27년 二十七
	노魯	문공 2년 二
	제齊	소공 8년 八
	진晉	양공 3년. 진秦이 효에서의 싸움과 관련해 진晉에 보복하여 왕汪 에서 무찔렀다. 三 秦報我殽 敗于汪
	진秦	목공 35년. 진晉을 쳐서 효에서의 싸움을 보복하려고 하였는데, 진秦이 왕에서 무찔렀다. 三十五 伐晉報殽 敗我于汪 　신주　〈진본기〉와 〈진세가〉를 아울러 살피면, 봄에 맹명시 등이 진晉의 왕 汪 등의 땅을 빼앗았다가 겨울에 다시 진晉이 공격하여 왕과 팽아彭衙 등을 다시 빼앗았다. 그런데 《사기지의》의 저자 양옥승은 이 기록이 오류라고 했다.
	초楚	초나라 목왕 상신 원년. 태자의 집을 반숭에게 주고 재상으로 삼 았다. 楚穆王商臣元年 以其太子宅賜崇 爲相

송宋	성공 12년 十二	
위衛	성공 10년 十	
진陳	공공 7년 七	
채蔡	장후 21년 二十一	
조曹	공공 28년 二十八	
정鄭	목공 3년 三	
연燕	양공 33년 三十三	
오吳		
서기전 **624**	주周	양왕 28년 二十八
	노魯	문공 3년. 공이 진나라에 갔다. 三 公如晉
	제齊	소공 9년 九
	진晉	양공 4년. 진秦이 진晉을 쳐서 왕관王官 땅을 취했는데, 진晉은 출동하지 않았다. 四 秦伐我 取王官 我不出
	진秦	목공 36년. 맹명 등으로 하여 진晉을 치자 진晉이 감히 출동하지 못했다. 三十六 以孟明等伐晉 晉不敢出
	초楚	목왕 2년. 진晉이 초나라를 쳤다. 二 晉伐我

송宋	성공 13년 十三	
위衛	성공 11년 十一	
진陳	공공 8년 八	
채蔡	장후 22년 二十二	
조曹	공공 29년 二十九	
정鄭	목공 4년 四	
연燕	양공 34년 三十四	
오吳		
서기전 **623**	주周	양왕 29년 二十九
	노魯	문공 4년 四
	제齊	소공 10년 十
	진晉	양공 5년. 진秦을 쳐서 원과 신성을 포위했다. 五 伐秦 圍邧新城 색은 邧은 '원阮'으로 발음한다. 阮音
	진秦	목공 37년. 진晉이 쳐들어와서 원과 신성을 포위했다. 三十七 晉伐我 圍邧新城
	초楚	목왕 3년. 강나라를 멸했다. 三 滅江

송宋	성공 14년 十四	
위衛	성공 12년. 공이 진晉에 갔다. 十二 公如晉	
진陳	공공 9년 九	
채蔡	장후 23년 二十三	
조曹	공공 30년 三十	
정鄭	목공 5년 五	
연燕	양공 35년 三十五	
오吳		
서기전 **622**	주周	양왕 30년 三十
	노魯	문공 5년 五
	제齊	소공 11년 十一
	진晉	양공 6년. 조성자, 난정자, 곽백, 구계가 모두 죽었다. 六 趙成子欒貞子霍伯臼季皆卒 색은 조성자 이름은 사衰이다. 난정자 이름은 지枝이다. 곽백은 선차거先且居인데, 곽에 봉해졌다. 구계는 서신胥臣인데, 4대부가 모두 이 해에 죽었다. 趙成子名衰 欒貞子名枝 霍伯 先且居也 封之霍 臼季 胥臣也 四大夫皆此年卒
	진秦	목공 38년 三十八

초楚	목왕 4년. 육나라와 요나라를 멸했다. 四 滅六蓼	
송宋	성공 15년 十五	
위衛	성공 13년 十三	
진陳	공공 10년 十	
채蔡	장후 24년 二十四	
조曹	공공 31년 三十一	
정鄭	목공 6년 六	
연燕	양공 36년 三十六	
오吳		
서기전 **621**	주周	양왕 31년 三十一
	노魯	문공 6년 六
	제齊	소공 12년 十二
	진晉	양공 7년. 양공이 죽었다. 조돈은 태자가 어려서 군주를 바꿔 세우고자 했으나 주살당할까 두려워 태자를 세우니 영공이다. 七 公卒 趙盾爲太子少 欲更立君 恐誅 遂立太子爲靈公
	진秦	목공 39년. 목공이 죽었다. 사람을 순장하니 따라 죽은 자가 170명이라, 군자가 그것을 비웃으면서 죽음을 말하지 않았다. 三十九 繆公薨 葬殉以人 從死者百七十人 君子譏之 故不言卒

초楚	목왕 5년 五	
송宋	성공 16년 十六	
위衛	성공 14년 十四	
진陳	공공 11년 十一	
채蔡	장후 25년 二十五	
조曹	공공 32년 三十二	
정鄭	목공 7년 七	
연燕	양공 37년 三十七	
오吳		
서기전 **620**	주周	양왕 32년 三十二
	노魯	문공 7년 七
	제齊	소공 13년 十三
	진晉	진나라 영공 이고 원년. 조돈이 정치를 전담했다. 晉靈公夷皋元年 趙盾專政 색은 진영공 역蜴이다. 발음은 '역亦'이다. 〈진세가〉와 《좌전》에서 이름은 이고夷皋인데, 이는 대개 잘못이다. 晉靈公蜴 音亦 系家及左傳名夷皋 此蓋誤

진秦	진나라 강공 영 원년 秦康公罃元年 색은 罃의 발음은 '영[乙耕反]'이다. 音乙耕反	
초楚	목왕 6년 六	
송宋	성공 17년. 공손고가 성공을 살해했다. 十七 公孫固殺成公 신주 성공의 뒤를 이은 소공 저구杵臼가 무도하게 다른 공자들을 제거하려 했는데, 그 과정에서 공실 일족이 공손고와 공손정公孫鄭 등을 죽였다. 더 자세한 것은 〈송미자세가〉에 있다.	
위衛	성공 15년 十五	
진陳	공공 12년 十二	
채蔡	장후 26년 二十六	
조曹	공공 33년 三十三	
정鄭	목공 8년 八	
연燕	양공 38년 三十八	
오吳		
서기전 **619**	주周	양왕 33년. 양왕이 붕어했다. 三十三 襄王崩
	노魯	문공 8년. 왕이 모백위毛伯衞를 시켜 장례에 쓸 금을 구해 오게 했는데, 이는 예의가 아니다. 八 王使衞來求金以葬 非禮

제齊	소공 14년 十四
진晉	영공 2년. 진秦이 진晉을 쳐서 무성을 취하여 영호의 싸움에 보복했다. 二 秦伐我 取武城 報令孤之戰
진秦	강공 2년 二
초楚	목왕 7년 七
송宋	송나라 소공 저구 원년. 양공의 아들이다. 宋昭公杵臼元年 襄公之子 집해 서광이 말했다. "일설에는 성공의 막내아들이라고 한다." 徐廣曰 一云成公少子 색은 송소공 저구가 양공의 막내아들이라는 것은 잘못이다. 살피건대, 서광이 말한 '일설에는 성공의 막내아들이라 한다'가 〈송미자세가〉와 같고 옳다. 宋昭公杵臼 襄公少子 非也 案 徐廣云一曰成公少子 與系家同 是也
위衛	성공 16년 十六
진陳	공공 13년 十三
채蔡	장후 27년 二十七
조曹	공공 34년 三十四
정鄭	목공 9년 九
연燕	양공 39년 三十九
오吳	

서기전 **618**	주周	경왕 원년 頃王元年
	노魯	문공 9년 九
	제齊	소공 15년 十五
	진晉	영공 3년. 제후들을 거느리고 정나라를 구원했다. 三 率諸侯救鄭
	진秦	강공 3년 三
	초楚	목왕 8년. 정나라를 쳤는데, 그들이 진晉에 복종해서이다. 八 伐鄭 以其服晉
	송宋	소공 2년 二
	위衛	성공 17년 十七
	진陳	공공 14년 十四
	채蔡	장후 28년 二十八
	조曹	공공 35년 三十五
	정鄭	목공 10년. 초나라가 정나라를 쳤다. 十 楚伐我
	연燕	양공 40년 四十
	오吳	
서기전 **617** 갑진甲辰	주周	경왕 2년 二

노魯	문공 10년 十
제齊	소공 16년 十六
진晉	영공 4년. 진을 쳐서 소량을 함락했다. 진이 북징을 빼앗았다. 四 伐秦 拔少梁 秦取我北徵 색은 徵의 발음은 '징'이다. 아마도 지금의 징성澄城일 것이다. 音澄 蓋今之澄城也
진秦	강공 4년. 진晉이 진秦을 쳐서 소량을 빼앗았다. 진秦은 진晉을 쳐서 북징을 빼앗았다. 四 晉伐我 取少梁 我伐晉取北徵
초楚	목왕 9년 九
송宋	소공 3년 三
위衛	성공 18년 十八
진陳	공공 15년 十五
채蔡	장후 29년 二十九
조曹	조나라 문공 수 원년 曹文公壽元年
정鄭	목공 11년 十一
연燕	연나라 환공 원년 燕桓公元年
오吳	

서기전 616	주周	경왕 3년 三
	노魯	문공 11년. 함鹹에서 장적長翟을 무찌르고 돌아왔으며, 장적을 잡았다. 十一 敗長翟于鹹而歸 得長翟
	제齊	소공 17년 十七
	진晉	영공 5년 五
	진秦	강공 5년 五
	초楚	목왕 10년 十
	송宋	소공 4년. 장구에서 장적을 무찔렀다. 四 敗長翟長丘
	위衞	성공 19년 十九
	진陳	공공 16년 十六
	채蔡	장후 30년 三十
	조曹	문공 2년 二
	정鄭	목공 12년 十二
	연燕	환공 2년 二
	오吳	

서기전 **615**	주周	경왕 4년 四
	노魯	문공 12년 十二
	제齊	소공 18년 十八
	진晉	영공 6년. 진秦나라가 진晉나라의 기마를 빼앗았다. 진秦나라와 하곡에서 싸웠는데, 진秦나라의 군사가 달아났다. 六 秦取我羈馬 與秦戰河曲 秦師遁
	진秦	강공 6년. 진晉나라를 쳐서 기마를 빼앗았다. 진晉나라가 노하여 진秦나라와 하곡에서 크게 싸웠다. 六 伐晉 取羈馬 怒 與我大戰河曲
	초楚	목왕 11년 十一
	송宋	소공 5년 五
	위衛	성공 20년 二十
	진陳	공공 17년 十七
	채蔡	장후 31년 三十一
	조曹	문공 3년 三
	정鄭	목공 13년 十三
	연燕	환공 3년 三
	오吳	

서기전 **614**	주周	경왕 5년 五
	노魯	문공 13년 十三
	제齊	소공 19년 十九
	진晉	영공 7년. 수회를 얻었다. 七 得隨會
	진秦	강공 7년. 진晉나라가 속여서 수회를 얻었다. 七 晉詐得隨會
	초楚	목왕 12년 十二
	송宋	소공 6년 六
	위衛	성공 21년 二十一
	진陳	공공 18년 十八
	채蔡	장후 32년 三十二
	조曹	문공 4년 四
	정鄭	목공 14년 十四
	연燕	환공 4년 四
	오吳	

서기전 **613**	주周	경왕 6년. 경왕이 붕어했다. 공경이 정치를 다투었기에 부고를 내지 못했다. 六 頃王崩 公卿爭政 故不赴
	노魯	문공 14년. 혜성이 북두로 들어가자 주나라 태사가 말했다. "7년 안에 송, 제, 진의 군주가 죽는다." 十四 彗星入北斗 周史曰七年宋齊晉君死
	제齊	소공 20년. 소공이 죽었다. 아우 상인이 태자를 죽이고 스스로 즉위했는데, 이 사람이 의공이다. 二十 昭公卒 弟商人殺太子自立 是爲懿公
	진晉	영공 8년. 조돈이 수레 800승으로 첩치를 들여 왕실을 평정했다. 八 趙盾以車八百乘納捷菑 平王室 **신주** 〈진세가〉 색은 주석을 보면 조돈이 주邾나라 첩치를 들이려는 것인데, 여기에 왕실을 평정한 것과 문장이 연결되면서 오류가 생겼다.
	진秦	강공 8년 八
	초楚	초나라 장왕 려 원년 楚莊王侶元年
	송宋	소공 7년 七
	위衛	성공 22년 二十二
	진陳	진나라 영공 평국 원년 陳靈公平國元年
	채蔡	장후 33년 三十三
	조曹	문공 5년 五
	정鄭	목공 15년 十五

	연燕	환공 5년 五
	오吳	
서기전 **612**	주周	광왕 원년 匡王元年
	노魯	문공 15년. 6월 신축일에 일식이 있었다. 제나라가 노나라를 쳤다. 十五 六月辛丑 日蝕 齊伐我
	제齊	제나라 의공 상인 원년 齊懿公商人元年
	진晉	영공 9년. 채나라로 쳐들어갔다. 九 我入蔡
	진秦	강공 9년 九
	초楚	장왕 2년 二
	송宋	소공 8년 八
	위衛	성공 23년 二十三
	진陳	영공 2년 二
	채蔡	장후 34년. 진晉나라가 채나라를 쳤다. 장후가 죽었다. 三十四 晉伐我 莊侯薨
	조曹	문공 6년. 제나라가 조나라 부郛 땅으로 쳐들어왔다. 六 齊入我郛
	정鄭	목공 16년 十六
	연燕	환공 6년 六

	오吳	
서기전 **611**	주周	광왕 2년 二
	노魯	문공 16년 十六
	제齊	의공 2년. 민심을 얻지 못했다. 二 不得民心
	진晉	영공 10년 十
	진秦	강공 10년 十
	초楚	장왕 3년. 용나라를 멸했다. 三 滅庸
	송宋	소공 9년. 양공의 부인이 위백을 시켜 소공을 살해했다. 아우 포 가 즉위했다. 九 襄夫人使衛伯殺昭公 弟鮑立 **신주** 여기 양공의 부인은 항렬상으로 소공과 문공 포의 할머니뻘이다. 그 들의 친할머니가 아니라, 양공과 상당히 나이 차이가 있는 젊은 부인이었을 것 이다. 《좌전》에는 위백 대신에 사전師甸이라 나온다.
	위衛	성공 24년 二十四
	진陳	영공 3년 三
	채蔡	채나라 문후 신 원년 蔡文侯申元年
	조曹	문공 7년 七
	정鄭	목공 17년 十七

연燕	환공 7년 七	
오吳		

서기전 **610**	주周	광왕 3년 三
	노魯	문공 17년. 제나라가 노나라를 쳤다. 十七 齊伐我
	제齊	의공 3년. 노나라를 쳤다. 三 伐魯
	진晉	영공 11년. 제후들을 거느리고 송나라를 평정했다. 十一 率諸侯平宋
	진秦	강공 11년 十一
	초楚	장왕 4년 四
	송宋	송나라 문공 포 원년. 소공의 아우다. 진이 제후들을 거느리고 송나라를 평정했다. 宋文公鮑元年 昭公弟 晉率諸侯平我
	위衛	성공 25년 二十五
	진陳	영공 4년 四
	채蔡	문후 2년 二
	조曹	문공 8년 八
	정鄭	목공 18년 十八

	연燕	환공 8년 八
	오吳	
서기전 **609**	주周	광왕 4년 四
	노魯	문공 18년. 양중이 적자를 죽이고 서자를 세우니 선공이다. 十八 襄仲殺嫡 立庶子爲宣公
	제齊	의공 4년. 의공은 병촉의 아버지 발을 잘랐고 염직의 아내를 빼 앗았는데, 두 사람이 함께 의공을 죽이고 환공의 아들 혜공을 세 웠다. 四 公刖邴歜父而奪閻職妻 二人共殺公 立桓公子惠公
	진晉	영공 12년 十二
	진秦	강공 12년 十二
	초楚	장왕 5년 五
	송宋	문공 2년 二
	위衛	성공 26년 二十六
	진陳	영공 5년 五
	채蔡	문후 3년 三
	조曹	문공 9년 九
	정鄭	목공 19년 十九

	연燕	환공 9년 九
	오吳	
서기전 **608**	주周	광왕 5년 五
	노魯	노나라 선공 퇴 원년. 노나라에서 선공을 세운 것은 정당하지 않 았으므로 공실이 비천해졌다. 魯宣公俀元年 魯立宣公 不正 公室卑
	제齊	제나라 혜공 원 원년. 노나라 제서의 농지를 빼앗았다. 齊惠公元元年 取魯濟西之田
	진晉	영공 13년. 조돈이 진陳나라와 송나라를 구원하여 정나라를 쳤다. 十三 趙盾救陳宋 伐鄭
	진秦	진나라 공공 화 원년 秦共公和元年
	초楚	장왕 6년. 송나라와 진陳나라를 쳤는데, 초나라를 배신하고 진晉 나라에 복종했기 때문이다. 六 伐宋陳 以倍我服晉故
	송宋	문공 3년. 초나라와 정나라가 송나라를 쳤는데, 송나라가 초나라 를 배신했기 때문이다. 三 楚鄭伐我 以我倍楚故也
	위衛	성공 27년 二十七
	진陳	영공 6년 六
	채蔡	문후 4년 四
	조曹	문공 10년 十

정鄭	목공 20년. 초나라와 더불어 진陳을 침입하고 마침내 송나라도 침입했다. 진晉이 조돈을 시켜 정나라를 쳤는데, 진晉을 배신했기 때문이다. 二十 與楚侵陳 遂侵宋 晉使趙盾伐我 以倍晉故
연燕	환공 10년 十
오吳	

서기전 **607** 갑인甲寅	주周	광왕 6년. 광왕이 붕어했다. 六 匡王崩
	노魯	선공 2년 二
	제齊	혜공 2년. 왕자 성보가 장적을 무찔렀다. 二 王子成父敗長翟
	진晉	영공 14년. 조천이 영공을 살해했는데, 조돈은 조천을 시켜 공자 흑둔을 주나라에서 맞이하여 세웠다. 조씨에게 공족자리를 하사했다. 十四 趙穿殺靈公 趙盾使穿迎公子黑臀于周 立之 趙氏賜公族
	진秦	공공 2년 二
	초楚	장왕 7년 七
	송宋	문공 4년. 화원이 양 고깃국 때문에 정나라에 무너졌다. 四 華元以羊羹故陷於鄭
	위衛	성공 28년 二十八
	진陳	영공 7년 七
	채蔡	문후 5년 五

조曹	문공 11년 十一	
정鄭	목공 21년. 송나라 군사와 싸워 화원을 포로로 잡았다. 二十一 與宋師戰 獲華元	
연燕	환공 11년 十一	
오吳		
서기전 **606**	주周	정왕 원년 定王元年
	노魯	선공 3년 三
	제齊	혜공 3년 三
	진晉	진나라 성공 흑둔 원년. 정나라를 쳤다. 晉成公黑臀元年 伐鄭
	진秦	공공 3년 三
	초楚	장왕 8년. 육혼을 치고 낙維에 이르러 정鼎의 무게에 대해 물었다. 八 伐陸渾 至雒 問鼎輕重
	송宋	문공 5년. 화원을 대속하려 했는데, 도망쳐 돌아왔다. 조나라를 포위했다. 五 贖華元 亡歸 圍曹 **신주** 화원이 도망쳐 온 것은 잡혀간 해인 광왕 6년이다.
	위衛	성공 29년 二十九
	진陳	영공 8년 八
	채蔡	문후 6년 六

조曹	문공 12년. 송나라가 조나라를 포위했다. 十二 宋圍我	
정鄭	목공 22년. 화원이 도망쳐 돌아갔다. 二十二 華元亡歸	
연燕	환공 12년 十二	
오吳		
서기전 **605**	주周	정왕 2년 二
	노魯	선공 4년 四
	제齊	혜공 4년 四
	진晉	성공 2년 二
	진秦	공공 4년 四
	초楚	장왕 9년. 약오씨가 난을 일으키자 그들을 멸했다. 정나라를 쳤다. 九 若敖氏爲亂 滅之 伐鄭
	송宋	문공 6년 六
	위衛	성공 30년 三十
	진陳	영공 9년 九
	채蔡	문후 7년 七
	조曹	문공 13년 十三

정鄭	정나라 영공 이 원년. 공자 귀생이 자라 때문에 영공을 살해했다. 鄭靈公夷元年 公子歸生以黿故殺靈公	
연燕	환공 13년 十三	
오吳		
서기전 604	주周	정왕 3년 三
	노魯	선공 5년 五
	제齊	혜공 5년 五
	진晉	성공 3년. 중항환자 순림보가 정나라를 구원하고 진陳을 쳤다. 三 中行桓子荀林父救鄭 伐陳
	진秦	공공 5년 五
	초楚	장왕 10년 十
	송宋	문공 7년 七
	위衞	성공 31년 三十一
	진陳	영공 10년. 초나라가 정나라를 치고, 진陳과 화평했다. 진晉 중항 환자가 초나라에 대항하여 정나라를 구원하고 진陳을 쳤다. 十 楚伐鄭 與我平 晉中行桓子距楚 救鄭 伐我
	채蔡	문후 8년 八
	조曹	문공 14년 十四

	정鄭	정나라 양공 견 원년. 영공의 서제다. 초나라가 정나라를 치자 진晉나라가 와서 구원했다. 鄭襄公堅元年 靈公庶弟 楚伐我 晉來救
	연燕	환공 14년 十四
	오吳	
서기전 **603**	주周	정왕 4년 四
	노魯	선공 6년 六
	제齊	혜공 6년 六
	진晉	성공 4년. 위와 더불어 진陳을 침입했다. 四 與衛侵陳
	진秦	진나라 환공 원년 秦桓公元年 **신주** 《춘추》 노선공 4년, 진나라 백작 도稻가 죽었다고 한다. 노선공 4년은 진공공 4년이니, 환공 원년은 1년 앞선 정왕 3년이어야 한다. 이에 따르면 환공 몰년은 27년이 아니라 28년이 된다.
	초楚	장왕 11년 十一
	송宋	문공 8년 八
	위衛	성공 32년. 진晉나라와 더불어 진陳을 침입했다. 三十二 與晉侵陳
	진陳	영공 11년. 진晉나라와 위나라가 진陳을 침입했다. 十一 晉衛侵我
	채蔡	문후 9년 九

조曹	문공 15년 十五	
정鄭	양공 2년 二	
연燕	환공 15년 十五	
오吳		
서기전 **602**	주周	정왕 5년 五
	노魯	선공 7년 七
	제齊	혜공 7년 七
	진晉	성공 5년 五
	진秦	환공 2년 二
	초楚	장왕 12년 十二
	송宋	문공 9년 九
	위衛	성공 33년 三十三
	진陳	영공 12년 十二
	채蔡	문후 10년 十
	조曹	문공 16년 十六

	정鄭	양공 3년 三
	연燕	환공 16년 十六
	오吳	
서기전 **601**	주周	정왕 6년 六
	노魯	선공 8년. 7월에 일식이 있었다. 八 七月 日蝕
	제齊	혜공 8년 八
	진晉	성공 6년. 노나라와 더불어 진秦나라를 쳐서, 진의 첩자를 잡아 강絳의 저자에서 처형했으나 6일 만에 소생했다. 六 與魯伐秦 獲秦諜 殺之絳市 六日而蘇
	진秦	환공 3년. 진晉나라가 쳐들어와서 첩자를 잡아갔다. 三 晉伐我 獲諜
	초楚	장왕 13년. 진陳나라를 치고 서와 요를 멸했다. 十三 伐陳 滅舒蓼
	송宋	문공 10년 十
	위衞	성공 34년 三十四
	진陳	영공 13년. 초나라가 진陳나라를 쳤다. 十三 楚伐我
	채蔡	문후 11년 十一
	조曹	문공 17년 十七

정鄭	양공 4년 四	
연燕	연나라 선공 원년 燕宣公元年	
오吳		
서기전 **600**	**주**周	정왕 7년 七
	노魯	선공 9년 九
	제齊	혜공 9년 九
	진晉	성공 7년. 환자를 시켜 초나라를 쳤다. 제후들의 군사로 진陳나라를 치고 정나라를 구원했다. 성공이 죽었다. 七 使桓子伐楚 以諸侯師伐陳救鄭 成公薨
	진秦	환공 4년 四
	초楚	장왕 14년. 정나라를 쳤는데, 진晉나라의 극결이 정나라를 구원하여 초나라를 무찔렀다. 十四 伐鄭 晉郤缺救鄭 敗我
	송宋	문공 11년 十一
	위衛	성공 35년 三十五
	진陳	영공 14년 十四
	채蔡	문후 12년 十二
	조曹	문공 18년 十八

정鄭	양공 5년. 초나라가 정나라를 쳤는데, 진晉나라가 와서 구원하고 초나라 군사를 무찔렀다. 五 楚伐我 晉來救 敗楚師	
연燕	선공 2년 二	
오吳		
서기전 **599**	주周	정왕 8년 八
	노魯	선공 10년. 4月에 일식이 있었다. 十 四月 日蝕
	제齊	혜공 10년. 공이 죽었다. 최저가 총애를 받자 고씨와 국씨가 그를 쫓아냈고, 최저는 위나라로 달아났다. 十 公卒 崔杼有寵 高國逐之 奔衛
	진晉	진나라 경공 거 원년. 송나라와 더불어 정나라를 쳤다. 晉景公據元年 與宋伐鄭
	진秦	환공 5년 五
	초楚	장왕 15년 十五
	송宋	문공 12년 十二
	위衛	위나라 목공 속 원년. 제나라 최저가 도망쳐 왔다. 衛穆公邀元年 齊崔杼來奔
	진陳	영공 15년. 하징서는 그 어머니가 욕을 당하자 영공을 죽였다. 十五 夏徵舒以其母辱 殺靈公
	채蔡	문후 13년 十三
	조曹	문공 19년 十九

	정鄭	양공 6년. 진晉, 송, 초 나라가 정나라를 쳤다. 六 晉宋楚伐我
	연燕	선공 3년 三
	오吳	
서기전 **598**	주周	정왕 9년 九
	노魯	선공 11년 十一
	제齊	제나라 경공 무야 원년 齊頃公無野元年
	진晉	경공 2년 二
	진秦	환공 6년 六
	초楚	장왕 16년. 제후들을 거느리고 진陳나라의 하징서를 죽였으며 진 영공의 아들 오를 세웠다. 十六 率諸侯誅陳夏徵舒 立陳靈公子午
	송宋	문공 13년 十三
	위衛	목공 2년 二
	진陳	진나라 성공 오 원년. 영공의 태자다. 陳成公午元年 靈公太子
	채蔡	문후 14년 十四
	조曹	문공 20년 二十

정鄭	양공 7년 七	
연燕	선공 4년 四	
오吳		
서기전 597 갑자甲子	주周	정왕 10년 十
	노魯	선공 12년 十二
	제齊	경공 2년 二
	진晉	경공 3년. 정나라를 구원하다 하수 근처에서 초나라에게 패했다. 三 救鄭 爲楚所敗河上
	진秦	환공 7년 七
	초楚	장왕 17년. 정나라를 포위하자 정백이 웃옷을 벗고 사죄하므로 그를 석방했다. 十七 圍鄭 鄭伯肉袒謝 釋之
	송宋	문공 14년. 진陳나라를 쳤다. 十四 伐陳
	위衛	목공 3년 三
	진陳	성공 2년 二
	채蔡	문후 15년 十五
	조曹	문공 21년 二十一

정鄭	양공 8년. 초나라가 포위하자 정나라가 겸손하게 사죄하였고 이에 포위를 풀었다. 八 楚圍我 我卑辭以解	
연燕	선공 5년 五	
오吳		

서기전 **596**	주周	정왕 11년 十一
	노魯	선공 13년 十三
	제齊	경공 3년 三
	진晉	경공 4년 四
	진秦	환공 8년 八
	초楚	장왕 18년 十八
	송宋	문공 15년 十五
	위衛	목공 4년 四
	진陳	성공 3년 三
	채蔡	문후 16년 十六
	조曹	문공 22년 二十二

정鄭	양공 9년 九	
연燕	선공 6년 六	
오吳		
서기전 595	주周	정왕 12년 十二
	노魯	선공 14년 十四
	제齊	경공 4년 四
	진晉	경공 5년. 정나라를 쳤다. 五 伐鄭
	진秦	환공 9년 九
	초楚	장왕 19년. 송나라를 포위했는데, 사자를 죽였기 때문이다. 十九 圍宋 爲殺使者
	송宋	문공 16년. 초나라 사자를 죽이자 초나라가 포위했다. 十六 殺楚使者 楚圍我
	위衛	목공 5년 五
	진陳	성공 4년 四
	채蔡	문후 17년 十七
	조曹	문공 23년. 문공이 죽었다. 二十三 文公薨
	정鄭	양공 10년. 진晉나라가 정나라를 쳤다. 十 晉伐我

연燕	선공 7년 七	
오吳		
서기전 **594**	**주周**	정왕 13년 十三
	노魯	선공 15년. 처음으로 묘畝(전답)에 세금을 매겼다. 十五 初稅畝
	제齊	경공 5년 五
	진晉	경공 6년. 송나라를 구원했고 해양이 사로잡혔지만 사절의 임무를 했다. 진秦이 진晉을 쳤다. 六 救宋 執解揚 有使節 秦伐我
	진秦	환공 10년 十
	초楚	장왕 20년. 송나라를 포위했다. 5월, 화원이 자반에게 진심을 알리자 초나라는 군사를 물렸다. 二十 圍宋 五月 華元告子反以誠 楚罷 **신주** 송나라를 포위한 것은 정왕 12년 9월이다. 이때까지 9개월 동안 계속하고 있었다.
	송宋	문공 17년. 화원이 초나라에 알리자 초나라가 떠나갔다. 十七 華元告楚 楚去
	위衛	목공 6년 六
	진陳	성공 5년 五
	채蔡	문후 18년 十八
	조曹	조나라 선공 려 원년 曹宣公廬元年

정鄭	양공 11년. 초나라를 도와 송나라를 치고 해양을 사로잡았다. 十一 佐楚伐宋 執解揚	
연燕	선공 8년 八	
오吳		

서기전 **593**	주周	정왕 14년 十四
	노魯	선공 16년 十六
	제齊	경공 6년 六
	진晉	경공 7년. 수회가 적적을 멸했다. 七 隨會滅赤翟
	진秦	환공 11년 十一
	초楚	장왕 21년 二十一
	송宋	문공 18년 十八
	위衛	목공 7년 七
	진陳	성공 6년 六
	채蔡	문후 19년 十九
	조曹	선공 2년 二
	정鄭	양공 12년 十二

연燕	선공 9년 九	
오吳		

서기전 **592**	주周	정왕 15년 十五
	노魯	선공 17년. 일식이 있었다. 十七 日蝕
	제齊	경공 7년. 진晉나라 사신 극극이 제나라에 왔는데, 부인이 그가 다리 저는 것을 보고 웃었다. 극극이 노하여 돌아갔다. 七 晉使郤克來齊 婦人笑之 克怒 歸去
	진晉	경공 8년. 극극을 시켜 제나라에 사신으로 보냈는데, 부인이 그 를 보고 웃자 극극이 노하여 돌아왔다. 八 使郤克使齊 婦人笑之 克怒歸
	진秦	환공 12년 十二
	초楚	장왕 22년 二十二
	송宋	문공 19년 十九
	위衞	목공 8년 八
	진陳	성공 7년 七
	채蔡	문후 20년. 문후가 죽었다. 二十 文侯薨
	조曹	선공 3년 三
	정鄭	양공 13년 十三

연燕	선공 10년 十	
오吳		
서기전 **591**	주周	정왕 16년 十六
	노魯	선공 18년. 선공이 죽었다. 十八 宣公薨
	제齊	경공 8년. 진晉나라가 제나라를 쳐서 무찔렀다. 八 晉伐敗我
	진晉	경공 9년. 제나라를 쳐서 자강을 인질로 잡고 군사를 물렸다. 九 伐齊 質子彊 兵罷
	진秦	환공 13년 十三
	초楚	장왕 23년. 장왕이 죽었다. 二十三 莊王薨
	송宋	문공 20년 二十
	위衛	목공 9년 九
	진陳	성공 8년 八
	채蔡	채나라 경후 고 원년 蔡景侯固元年
	조曹	선공 4년 四
	정鄭	양공 14년 十四
	연燕	선공 11년 十一

	오吳	
서기전 **590**	주周	정왕 17년 十七
	노魯	노나라 성공 흑굉 원년. 봄, 제나라가 융隆 땅을 빼앗았다. 魯成公黑肱元年 春 齊取我隆
	제齊	경공 9년 九
	진晉	경공 10년 十
	진秦	환공 14년 十四
	초楚	초나라 공왕 심 원년 楚共王審元年
	송宋	문공 21년 二十一
	위衛	목공 10년 十
	진陳	성공 9년 九
	채蔡	경후 2년 二
	조曹	선공 5년 五
	정鄭	양공 15년 十五
	연燕	선공 12년 十二
	오吳	

서기전 **589**	주周	정왕 18년 十八
	노魯	성공 2년. 진晉나라와 더불어 제나라를 치자, 제나라는 노나라 문양 땅을 돌려주고 몰래 초나라와 맹약했다. 二 與晉伐齊 齊歸我汶陽 竊與楚盟
	제齊	경공 10년. 진晉나라 극극이 안鞍에서 경공을 무찌르고, 마차부 봉추보를 포로로 잡았다. 十 晉郤克敗公於鞍 虜逢丑父
	진晉	경공 11년. 노나라, 조나라와 더불어 제나라를 무찔렀다. 十一 與魯曹敗齊
	진秦	환공 15년 十五
	초楚	공왕 2년. 가을, 신공 무신이 몰래 하징서夏徵舒의 어머니와 진晉나라로 달아나 형대부가 되었다. 겨울, 위나라와 노나라를 치고 제나라를 구원했다. 二 秋 申公巫臣竊徵舒母奔晉 以爲邢大夫 冬 伐衛魯 救齊
	송宋	문공 22년 二十二
	위衛	목공 11년. 목공이 죽었다. 제후들과 더불어 제나라를 무찌르자, 침탈했던 땅을 돌려주었다. 초나라가 위나라를 쳤다. 十一 穆公薨 與諸侯敗齊 反侵地 楚伐我
	진陳	성공 10년 十
	채蔡	경후 3년 三
	조曹	선공 6년 六
	정鄭	양공 16년 十六
	연燕	선공 13년 十三

	오吳	
서기전 **588**	주周	정왕 19년 十九
	노魯	성공 3년. 진晉, 송, 위, 조가 회맹하고 정나라를 쳤다. 三 會晉宋衞曹伐鄭
	제齊	경공 11년. 경공이 진晉나라에 가서 진후를 왕으로 삼으려고 했 으나 진晉나라가 감히 받아들이지 않았다. 十一 頃公如晉 欲王晉 晉不敢受
	진晉	경공 12년. 처음으로 6경을 두었다. 제후들을 거느리고 정나라를 쳤다. 十二 始置六卿 率諸侯伐鄭
	진秦	환공 16년 十六
	초楚	공왕 3년 三
	송宋	송나라 공공 하 원년 宋共公瑕元年
	위衞	위나라 정공 장 원년 衞定公臧元年
	진陳	성공 11년 十一
	채蔡	경후 4년 四
	조曹	선공 7년. 정나라를 쳤다. 七 伐鄭
	정鄭	양공 17년. 진晉나라가 제후들을 거느리고 정나라를 쳤다. 十七 晉率諸侯伐我
	연燕	선공 14년 十四

	오吳	
서기전 **587** 갑술甲戌	주周	정왕 20년 二十
	노魯	성공 4년. 공이 진晉나라에 갔는데, 진나라가 불경하게 대하자 공이 진을 배신하고 초나라와 회합하려 했다. 四 公如晉 晉不敬 公欲倍晉合於楚
	제齊	경공 12년 十二
	진晉	경공 13년. 노나라 성공이 왔는데 불경하게 대했다. 十三 魯公來 不敬
	진秦	환공 17년 十七
	초楚	공왕 4년. 자반이 정나라를 구원했다. 四 子反救鄭
	송宋	공공 2년 二
	위衞	정공 2년 二
	진陳	성공 12년 十二
	채蔡	경후 5년 五
	조曹	선공 8년 八
	정鄭	양공 18년. 진晉나라 난서가 정나라 범氾을 빼앗았다. 양공이 죽었다. 十八 晉欒書取我氾 襄公薨 색은 범氾을 빼앗았다. 발음은 '범凡'이다. 取氾 音凡

연燕	선공 15년 十五	
오吳		

서기전 **586**	주周	정왕 21년. 정왕이 붕어했다. 二十一 定王崩
	노魯	성공 5년 五
	제齊	경공 13년 十三
	진晉	경공 14년. 양산이 무너졌다. 백종이 길에서 만난 사람을 숨기고 그의 말을 사용했다. 十四 梁山崩 伯宗隱其人而用其言
	진秦	환공 18년 十八
	초楚	공왕 5년. 정나라를 쳤는데, 초나라를 배신했기 때문이다. 정나라 도공이 하소연하러 왔다. 五 伐鄭 倍我故也 鄭悼公來訟
	송宋	공공 3년 三
	위衛	정공 3년 三
	진陳	성공 13년 十三
	채蔡	경후 6년 六
	조曹	선공 9년 九
	정鄭	정나라 도공 비 원년. 도공이 초나라에 하소연하러 갔다. 鄭悼公費元年 公如楚訟

연燕	연나라 소공 원년 燕昭公元年	
오吳		

서기전 **585**	주周	간왕 원년 簡王元年
	노魯	성공 6년 六
	제齊	경공 14년 十四
	진晉	경공 15년. 난서를 시켜 정나라를 구원하게 하자 마침내 채나라로 침입했다. 十五 使欒書救鄭 遂侵蔡
	진秦	환공 19년 十九
	초楚	공왕 6년 六
	송宋	공공 4년 四
	위衞	정공 4년 四
	진陳	성공 14년 十四
	채蔡	경후 7년. 진晉나라가 침입했다. 七 晉侵我
	조曹	선공 10년 十
	정鄭	도공 2년. 도공이 죽었다. 초나라가 정나라를 치자, 진나라가 난서를 시켜 와서 구원했다. 二 悼公薨 楚伐我 晉使欒書來救

	연燕	소공 2년 二
	오吳	오나라 수몽 원년 吳壽夢元年
서기전 **584**	주周	간왕 2년 二
	노魯	성공 7년 七
	제齊	경공 15년 十五
	진晉	경공 16년. 무신을 처음으로 오나라에 보내 통교하고 초나라 정벌을 모의했다. 十六 以巫臣始通於吳而謀楚
	진秦	환공 20년 二十
	초楚	공왕 7년. 정나라를 쳤다. 七 伐鄭
	송宋	공공 5년 五
	위衛	정공 5년 五
	진陳	성공 15년 十五
	채蔡	경후 8년 八
	조曹	선공 11년 十一
	정鄭	정나라 성공 곤 원년. 도공의 아우다. 초나라가 정나라를 쳤다. 鄭成公睔元年 悼公弟也 楚伐我

		색은 朌의 발음은 '균[古困反]'이다. 古困反
	연燕	소공 3년 三
	오吳	수몽 2년. 무신이 와서 초나라를 칠 것을 모의했다. 二 巫臣來 謀伐楚
서기전 **583**	주周	간왕 3년 三
	노魯	성공 8년 八
	제齊	경공 16년 十六
	진晉	경공 17년. 조무의 전읍을 회복시켰다. 채나라를 침입했다. 十七 復趙武田邑 侵蔡
	진秦	환공 21년 二十一
	초楚	공왕 8년 八
	송宋	공공 6년 六
	위衛	정공 6년 六
	진陳	성공 16년 十六
	채蔡	경후 9년. 진晉나라가 채나라를 쳤다. 九 晉伐我
	조曹	선공 12년 十二

정鄭	성공 2년 二	
연燕	소공 4년 四	
오吳	수몽 3년 三	
서기전 **582**	주周	간왕 4년 四
	노魯	성공 9년 九
	제齊	경공 17년. 경공이 죽었다. 十七 頃公薨
	진晉	경공 18년. 정나라 성공을 붙잡고 정나라를 쳤다. 진秦이 진晉을 쳤다. 十八 執鄭成公 伐鄭 秦伐我
	진秦	환공 22년. 진晉나라를 쳤다. 二十二 伐晉
	초楚	공왕 9년. 정나라를 구원했다. 겨울, 진晉나라와 화해했다. 九 救鄭 冬 與晉成
	송宋	공공 7년 七
	위衛	정공 7년 七
	진陳	성공 17년 十七
	채蔡	경후 10년 十
	조曹	선공 13년 十三

	정鄭	성공 3년. 초나라와 맹약했다. 성공이 진晉나라에 갔는데, 성공을 붙잡아두고 정나라를 쳤다. 三 與楚盟 公如晉 執公伐我
	연燕	소공 5년 五
	오吳	수몽 4년 四
서기전 **581**	주周	간왕 5년 五
	노魯	성공 10년. 공이 진晉나라에 갔다가 (진영공) 상여를 보내는 일에 참석했는데, 그것을 꺼려 《춘추》에) 기록하지 않았다. 十 公如晉送葬 諱之
	제齊	제나라 영공 환 원년 齊靈公環元年
	진晉	경공 19년 十九
	진秦	환공 23년 二十三
	초楚	공왕 10년 十
	송宋	공공 8년 八
	위衛	정공 8년 八
	진陳	성공 18년 十八
	채蔡	경후 11년 十一
	조曹	선공 14년 十四

정鄭	성공 4년. 진晉나라가 제후들을 거느리고 정나라를 쳤다. 四 晉率諸侯伐我	
연燕	소공 6년 六	
오吳	수몽 5년 五	

서기전 **580**	주周	간왕 6년 六
	노魯	성공 11년 十一
	제齊	영공 2년 二
	진晉	진나라 여공 수만 원년 晉厲公壽曼元年
	진秦	환공 24년. 진후와 하수를 끼고 맹세했는데, 돌아와서 맹세를 저버렸다. 二十四 與晉侯夾河盟 歸 倍盟
	초楚	공왕 11년 十一
	송宋	공공 9년 九
	위衛	정공 9년 九
	진陳	성공 19년 十九
	채蔡	경후 12년 十二
	조曹	선공 15년 十五

정鄭	성공 5년 五	
연燕	소공 7년 七	
오吳	수몽 6년 六	
서기전 **579**	주周	간왕 7년 七
	노魯	성공 12년 十二
	제齊	영공 3년 三
	진晉	여공 2년 二
	진秦	환공 25년 二十五
	초楚	공왕 12년 十二
	송宋	공공 10년 十
	위衛	정공 10년 十
	진陳	성공 20년 二十
	채蔡	경후 13년 十三
	조曹	선공 16년 十六

정鄭	성공 6년 六	
연燕	소공 8년 八	
오吳	수몽 7년 七	
서기전 **578**	주周	간왕 8년 八
	노魯	성공 13년. 진晉나라와 회맹하고 진秦나라를 쳤다. 十三 會晉伐秦
	제齊	영공 4년. 진秦나라를 쳤다. 四 伐秦
	진晉	여공 3년. 진秦나라를 쳐서 경수涇水에 이르러 무찌르고, 그의 장 수 성차를 사로잡았다. 三 伐秦至涇 敗之 獲其將成差
	진秦	환공 26년. 진晉나라가 제후들을 거느리고 진秦나라를 쳤다. 二十六 晉率諸侯伐我
	초楚	공왕 13년 十三
	송宋	공공 11년. 진晉나라가 송나라를 거느리고 진秦나라를 쳤다. 十一 晉率我伐秦
	위衛	정공 11년 十一
	진陳	성공 21년 二十一
	채蔡	경후 14년 十四
	조曹	선공 17년. 진晉나라가 조나라를 거느리고 진秦나라를 쳤다. 十七 晉率我伐秦

정鄭	성공 7년. 진晉나라가 정나라를 거느리고 진秦나라를 쳤다. 七 晉率我伐秦	
연燕	소공 9년 九	
오吳	수몽 8년 八	

서기전 **577** 갑신甲申	주周	간왕 9년 九
	노魯	성공 14년 十四
	제齊	영공 5년 五
	진晉	여공 4년 四
	진秦	환공 27년 二十七
	초楚	공왕 14년 十四
	송宋	공공 12년 十二
	위衛	정공 12년. 정공이 죽었다. 十二 定公薨
	진陳	성공 22년 二十二
	채蔡	경후 15년 十五
	조曹	조나라 성공 부추 원년 曹成公負芻元年

정鄭	성공 8년 八	
연燕	소공 10년 十	
오吳	수몽 9년 九	
서기전 **576** 주周	간왕 10년 十	
노魯	성공 15년. 비로소 오나라와 통하고 종리에서 회맹했다. 十五 始與吳通 會鍾離	
제齊	영공 6년 六	
진晉	여공 5년. 세 극씨郤氏가 백종을 헐뜯어 죽였는데, 백종이 직간을 좋아했기 때문이다. 五 三郤讒伯宗 殺之 伯宗好直諫	
진秦	진나라 경공 원년 秦景公元年	
초楚	공왕 15년. 허나라가 정나라를 두려워하여 섭葉 땅으로 옮길 것 을 청했다. 十五 許畏鄭 請徙葉	
송宋	공공 13년. 화원이 진晉나라로 달아났다가 다시 돌아왔다. 十三 華元奔晉 復還	
위衞	위나라 헌공 간 원년 衞獻公衎元年	
진陳	성공 23년 二十三	
채蔡	경후 16년 十六	
조曹	성공 2년. 진晉나라가 성공을 잡았다가 돌려보냈다. 二 晉執我公以歸	

정鄭	성공 9년 九
연燕	소공 11년 十一
오吳	수몽 10년. 노나라와 종리에서 회맹했다. 十 與魯會鍾離

서기전 **575**	주周	간왕 11년 十一
	노魯	성공 16년. 선백이 진晉나라에 알려 계문자를 죽이려 했는데, 계 문자의 의리 덕에 죽음에서 벗어날 수 있었다. 十六 宣伯告晉 欲殺季文子 文子得以義脫
	제齊	영공 7년 七
	진晉	여공 6년. 초나라를 언릉에서 무찔렀다. 六 敗楚鄢陵
	진秦	경공 2년 二
	초楚	공왕 16년. 정나라를 구원했으나 불리했다. 자반이 취하여 군대 가 무너졌기에 자반을 죽이고 돌아왔다. 十六 救鄭 不利 子反醉 軍敗 殺子反歸
	송宋	송나라 평공 성 원년 宋平公成元年
	위衛	헌공 2년 二
	진陳	성공 24년 二十四
	채蔡	경후 17년 十七
	조曹	성공 3년 三

정鄭	성공 10년. 진晉나라를 배신하고 초나라와 맹세하자 진晉나라가 정나라를 쳤으며 초나라가 와서 구원했다. 十 倍晉盟楚 晉伐我 楚來救	
연燕	소공 12년 十二	
오吳	수몽 11년 十一	

서기전 **574**	주周	간왕 12년 十二
	노魯	성공 17년 十七
	제齊	영공 8년 八
	진晉	여공 7년 七
	진秦	경공 3년 三
	초楚	공왕 17년 十七
	송宋	평공 2년 二
	위衛	헌공 3년 三
	진陳	성공 25년 二十五
	채蔡	경후 18년 十八
	조曹	성공 4년 四

	정鄭	성공 11년 十一
	연燕	소공 13년. 소공이 죽었다. 十三 昭公薨
	오吳	수몽 12년 十二
서기전 **573**	주周	간왕 13년 十三
	노魯	성공 18년. 성공이 죽었다. 十八 成公薨
	제齊	영공 9년 九
	진晉	여공 8년. 난서와 중항언이 여공을 살해하고 양공의 증손을 세우 니 도공이다. 八 欒書中行偃殺厲公 立襄公曾孫 爲悼公
	진秦	경공 4년 四
	초楚	공왕 18년. 어석을 위해 송나라 팽성을 쳤다. 十八 爲魚石伐宋彭城
	송宋	평공 3년. 초나라가 팽성을 치고 어석을 봉했다. 三 楚伐彭城 封魚石
	위衛	헌공 4년 四
	진陳	성공 26년 二十六
	채蔡	경후 19년 十九
	조曹	성공 5년 五

정鄭	성공 12년. 초나라와 더불어 송나라를 쳤다. 十二 與楚伐宋	
연燕	연나라 무공 원년 燕武公元年	
오吳	수몽 13년 十三	
서기전 **572**	주周	간왕 14년. 간왕이 붕어했다. 十四 簡王崩
	노魯	노나라 양공 오 원년. 송나라 팽성을 포위했다. 魯襄公午元年 圍宋彭城
	제齊	영공 10년. 진晉나라가 제나라를 치고 태자 광을 진나라에 인질로 삼았다. 十 晉伐我 使太子光質於晉
	진晉	진나라 도공 원년. 송나라 팽성을 포위했다. 晉悼公元年 圍宋彭城
	진秦	경공 5년 五
	초楚	공왕 19년. 송나라를 침입하여 정나라를 구원했다. 十九 侵宋 救鄭
	송宋	평공 4년. 초나라가 송나라를 침입하여 견구犬丘를 빼앗았다. 진晉나라가 어석을 죽이고 송나라에 팽성을 돌려주었다. 四 楚侵我 取犬丘 晉誅魚石 歸我彭城 **신주** 봄에 진나라가 주가 되어 송나라를 구원하면서 여러 나라에 모일 것을 청했지만, 제나라는 오지 않았다. 그러자 진나라가 제나라를 치는 한편 위, 노 나라와 함께 송나라를 구원하여 어석魚石 등을 잡은 다음에 팽성을 송나라에 돌려주었다. 여름에 진나라가 정나라를 공격하여 유수에 주둔했다. 가을에 초나라가 정나라를 구원했고, 정나라가 송나라 견구를 빼앗았다.
	위衛	헌공 5년. 송나라 팽성을 포위했다. 五 圍宋彭城

진陳	성공 27년 二十七
채蔡	경후 20년 二十
조曹	성공 6년 六
정鄭	성공 13년. 진晉나라가 정나라를 쳐서 무찌르고 군대가 유수洧水 근처에 주둔하자 초나라가 와서 구원했다. 十三 晉伐敗我 兵次洧上 楚來救
연燕	무공 2년 二
오吳	수몽 14년 十四
서기전 **571**	주周	영왕 원년. 태어나면서 콧수염이 있었다. 靈王元年 生有髭
	노魯	양공 2년. 진晉과 회맹하고 호뢰에 성을 쌓았다. 二 會晉城虎牢
	제齊	영공 11년 十一
	진晉	도공 2년. 제후들을 거느리고 정나라를 쳤으며 호뢰에 성을 쌓았다. 二 率諸侯伐鄭 城虎牢
	진秦	경공 6년 六
	초楚	공왕 20년 二十
	송宋	평공 5년 五
	위衞	헌공 6년 六

진陳	성공 28년 二十八	
채蔡	경후 21년 二十一	
조曹	성공 7년 七	
정鄭	성공 14년. 성공이 죽었다. 진晉나라가 제후들을 거느리고 정나라를 쳤다. 十四 成公薨 晉率諸侯伐我	
연燕	무공 3년 三	
오吳	수몽 15년 十五	
서기전 570	주周	영왕 2년 二
	노魯	양공 3년 三
	제齊	영공 12년 十二
	진晉	도공 3년. 위강이 양간을 욕보였다. 三 魏絳辱楊干
	진秦	경공 7년 七
	초楚	공왕 21년. 자중을 시켜 오나라를 치고 형산衡山에 이르렀다. 하기를 시켜 진陳나라를 침입했다. 二十一 使子重伐吳 至衡山 使何忌侵陳
	송宋	평공 6년 六
	위衛	헌공 7년 七

진陳	성공 29년. 초나라와의 맹약을 배신하자 초나라가 침입했다. 二十九 倍楚盟 楚侵我	
채蔡	경후 22년 二十二	
조曹	성공 8년 八	
정鄭	정나라 희공 운 원년 鄭釐公惲元年	
연燕	무공 4년 四	
오吳	수몽 16년. 초나라가 오나라를 쳤다. 十六 楚伐我	
서기전 **569**	주周	영왕 3년 三
	노魯	양공 4년. 공이 진晉나라에 갔다. 四 公如晉
	제齊	영공 13년 十三
	진晉	도공 4년. 위강이 융·적과 화해를 설득했고, 적이 진晉나라에 조회했다. 四 魏絳說和戎狄 狄朝晉
	진秦	경공 8년 八
	초楚	공왕 22년. 진陳을 쳤다. 二十二 伐陳
	송宋	평공 7년 七
	위衛	헌공 8년 八

	진陳	성공 30년. 초나라가 쳐들어왔다. 성공이 죽었다. 三十 楚伐我 成公薨
	채蔡	경후 23년 二十三
	조曹	성공 9년 九
	정鄭	희공 2년 二
	연燕	무공 5년 五
	오吳	수몽 17년 十七
서기전 **568**	주周	영왕 4년 四
	노魯	양공 5년. 계문자가 죽었다. 五 季文子卒
	제齊	영공 14년 十四
	진晉	도공 5년 五
	진秦	경공 9년 九
	초楚	공왕 23년. 진陳을 쳤다. 二十三 伐陳
	송宋	평공 8년 八
	위衞	헌공 9년 九

진陳	진나라 애공 약 원년 陳哀公弱元年	
채蔡	경후 24년 二十四	
조曹	성공 10년 十	
정鄭	희공 3년 三	
연燕	무공 6년 六	
오吳	수몽 18년 十八	
서기전 **567** 갑오甲午	주周	영왕 5년 五
	노魯	양공 6년 六
	제齊	영공 15년 十五
	진晉	도공 6년 六
	진秦	경공 10년 十
	초楚	공왕 24년 二十四
	송宋	평공 9년 九
	위衛	헌공 10년 十

	진陳	애공 2년 二	
	채蔡	경후 25년 二十五	
	조曹	성공 11년 十一	
	정鄭	희공 4년 四	
	연燕	무공 7년 七	
	오吳	수몽 19년 十九	
서기전 **566**	주周	영왕 6년 六	
	노魯	양공 7년 七	
	제齊	영공 16년 十六	
	진晉	도공 7년 七	
	진秦	경공 11년 十一	
	초楚	공왕 25년. 진陳나라를 포위했다. 二十五 圍陳	
	송宋	평공 10년 十	
	위衛	헌공 11년 十一	

진陳	애공 3년. 초나라가 포위하자 애공이 도망쳐 돌아왔다. 三 楚圍我 爲公亡歸	
채蔡	경후 26년 二十六	
조曹	성공 12년 十二	
정鄭	희공 5년. 자사가 도적을 시켜 밤에 희공을 살해하고, 병으로 죽 었다고 제후들에게 거짓 부고를 냈다. 五 子駟使賊夜殺釐公 詐以病卒赴諸侯	
연燕	무공 8년 八	
오吳	수몽 20년 二十	
서기전 **565**	주周	영왕 7년 七
	노魯	양공 8년. 공이 진나라에 갔다. 八 公如晉
	제齊	영공 17년 十七
	진晉	도공 8년 八
	진秦	경공 12년 十二
	초楚	공왕 26년. 정나라를 쳤다. 二十六 伐鄭
	송宋	평공 11년 十一
	위衛	헌공 12년 十二

진陳	애공 4년 四	
채蔡	경후 27년. 정나라가 침입했다. 二十七 鄭侵我	
조曹	성공 13년 十三	
정鄭	정나라 간공 가 원년. 희공의 아들이다. 鄭簡公嘉元年 釐公子	
연燕	무공 9년 九	
오吳	수몽 21년 二十一	

서기전 **564**	주周	영왕 8년 八
	노魯	양공 9년. 진晉나라와 더불어 정나라를 치고 하수 근처에서 회맹했는데, 공의 나이를 물어 12살이라 하자, 관례를 치를 만하다고 하였으므로 돌아오다가 위나라에서 관례를 치렀다. 九 與晉伐鄭 會河上 問公年十二 可冠 冠於衞
	제齊	영공 18년. 진나라와 더불어 정나라를 쳤다. 十八 與晉伐鄭
	진晉	도공 9년. 제, 노, 송, 위, 조를 거느리고 정나라를 쳤다. 진秦나라가 진晉나라를 쳤다. 九 率齊魯宋衞曹伐鄭 秦伐我
	진秦	경공 13년. 진晉나라를 쳤는데, 초나라가 원조했다. 十三 伐晉 楚爲我援
	초楚	공왕 27년. 정나라를 치고 군사가 무성에 주둔했는데, 진秦나라를 위한 것이었다. 二十七 伐鄭 師于武城 爲秦
	송宋	평공 12년. 진晉나라가 송나라를 거느리고 정나라를 쳤다. 十二 晉率我伐鄭

위衛	헌공 13년. 진晉나라가 위나라를 거느리고 정나라를 쳤다. 사조가 공이 사랑하는 첩에게 매질을 했다. 十三 晉率我伐鄭 師曹鞭公幸妾	
진陳	애공 5년 五	
채蔡	경후 28년 二十八	
조曹	성공 14년. 진晉나라가 조나라를 거느리고 정나라를 쳤다. 十四 晉率我伐鄭	
정鄭	간공 2년. 자사를 죽였다. 진晉나라가 제후들을 거느리고 정나라를 치고 맹약을 맺었다. 초나라가 노하여 정나라를 쳤다. 二 誅子駟 晉率諸侯伐我 我與盟 楚怒 伐我 신주 〈정세가〉에서 정나라 공자 자공이 울지尉止를 시켜서 재상 자사를 죽인 것은 간공 3년이다. 하지만 자공이 울지를 시켰다는 것은 오류라는 견해도 있다.	
연燕	무공 10년 十	
오吳	수몽 22년 二十二	
서기전 **563**	주周	영왕 9년. 왕숙이 진으로 달아났다. 九 王叔奔晉
	노魯	양공 10년. 초나라와 정나라가 노나라 서쪽 변두리로 침입했다. 十 楚鄭侵我西鄙
	제齊	영공 19년. 태자 광과 고후에게 제후들과 종리에서 회맹하게 했다. 十九 令太子光高厚會諸侯鍾離
	진晉	도공 10년. 제후들을 거느리고 정나라를 쳤다. 순앵이 진秦나라를 쳤다. 十 率諸侯伐鄭 荀罃伐秦
	진秦	경공 14년. 진晉나라가 쳐들어왔다. 十四 晉伐我

초楚	공왕 28년. 자낭을 시켜 정나라를 구원했다. 二十八 使子囊救鄭	
송宋	평공 13년. 정나라가 송나라를 치자 위나라가 와서 구원했다. 十三 鄭伐我 衞來救	
위衞	헌공 14년. 송나라를 구원했다. 十四 救宋	
진陳	애공 6년 六	
채蔡	경후 29년 二十九	
조曹	성공 15년 十五	
정鄭	간공 3년. 진晉나라가 제후들을 거느리고 정나라를 치자 초나라가 와서 구원했다. 자공이 난을 일으키자 자산이 공격했다. 三 晉率諸侯伐我 楚來救 子孔作亂 子產攻之	
	신주 울지가 난을 일으켜 자사 등을 살해하고 북궁北宮에서 간공을 위협했는데, 자산 등이 끝내 그들을 모두 물리쳤다. 자공이 독단하려하자 자산이 자공을 설득하여 저지했다. 자세한 내막은 《좌전》 양공 10년에 있다.	
연燕	무공 11년 十一	
오吳	수몽 23년 二十三	
서기전 **562**	주周	영왕 10년 十
	노魯	양공 11년. 삼환이 3군을 나누어 각각 군대를 거느렸다. 十一 三桓分爲三軍 各將軍
	제齊	영공 20년 二十

	진晉	도공 11년. 제후들을 거느리고 정나라를 쳤는데, 진秦나라가 역櫟에서 무찔렀다. 공이 "내가 위강을 등용하여 제후들과 9번 회합했다."라며 악대를 내려주었다. 十一 率諸侯伐鄭 秦敗我櫟 公曰吾用魏絳九合諸侯 賜之樂
	진秦	경공 15년. 서장 포鮑를 시켜 진晉나라를 쳐 정나라를 구원하게 하자 그들을 역에서 무찔렀다. 十五 我使庶長鮑伐晉救鄭 敗之櫟
	초楚	공왕 29년. 정나라와 더불어 송나라를 쳤다. 二十九 與鄭伐宋
	송宋	평공 14년. 초나라와 정나라가 송나라를 쳤다. 十四 楚鄭伐我
	위衞	헌공 15년. 정나라를 쳤다. 十五 伐鄭
	진陳	애공 7년 七
	채蔡	경후 30년 三十
	조曹	성공 16년 十六
	정鄭	간공 4년. 초나라와 더불어 송나라를 치자 진晉나라가 제후들을 거느리고 정나라를 쳤는데, 진秦나라가 와서 구원했다. 四 與楚伐宋 晉率諸侯伐我 秦來救
	연燕	무공 12년 十二
	오吳	수몽 24년 二十四
서기전 **561**	주周	영왕 11년 十一
	노魯	양공 12년. 공이 진晉나라에 갔다. 十二 公如晉

	제齊	영공 21년 二十一
	진晉	도공 12년 十二
	진秦	경공 16년 十六
	초楚	공왕 30년 三十
	송宋	평공 15년 十五
	위衛	헌공 16년 十六
	진陳	애공 8년 八
	채蔡	경후 31년 三十一
	조曹	성공 17년 十七
	정鄭	간공 5년 五
	연燕	무공 13년 十三
	오吳	수몽 25년. 수몽이 죽었다. 二十五 壽夢卒
서기전 **560**	주周	영왕 12년 十二
	노魯	양공 13년 十三

제齊	영공 22년 二十二	
진晉	도공 13년 十三	
진秦	경공 17년 十七	
초楚	공왕 31년. 오나라가 쳐들어왔지만 무찔렀다. 공왕이 죽었다. 三十一 吳伐我 敗之 共王薨	
송宋	평공 16년 十六	
위衞	헌공 17년 十七	
진陳	애공 9년 九	
채蔡	경후 32년 三十二	
조曹	성공 18년 十八	
정鄭	간공 6년 六	
연燕	무공 14년 十四	
오吳	오나라 제번 원년. 초나라가 오나라를 무찔렀다. 吳諸樊元年 楚敗我	
서기전 **559**	주周	영왕 13년 十三
	노魯	양공 14년. 일식이 있었다. 十四 日蝕

제齊	영공 23년. 위나라 헌공이 도망쳐 왔다. 二十三 衞獻公來奔
진晉	도공 14년. 제후와 대부들을 거느리고 진秦나라를 쳐서 역림에서 무찔렀다. 十四 率諸侯大夫伐秦 敗棫林 색은 棫의 발음은 '역域'이다. 棫音域
진秦	경공 18년. 진晉나라가 제후와 대부들을 거느리고 진秦나라를 쳐서 역림에서 무찔렀다. 十八 晉諸侯大夫伐我 敗棫林
초楚	초나라 강왕 소 원년. 공왕의 태자가 탈출해 오나라로 달아났다. 楚康王昭元年 共王太子出奔吳 색은 초강왕 략이다. 〈초세가〉에 이름을 초招라 한다. 楚康王略 系家名招 신주 색은 주석에서 '略'이라 한 것은 잘못이다. 강왕은 공왕의 태자인데, 여기서 말한 태자는 아마 초나라가 오나라를 치다가 실패하고, 오나라에 생포된 공자 의곡宜穀일 것이다. 《좌전》 양공 14년에 있다.
송宋	평공 17년 十七
위衞	헌공 18년. 손문자가 헌공을 공격하고 공이 제나라로 달아나자 정공의 아우 적狄을 세웠다. 十八 孫文子攻公 公奔齊 立定公弟狄
진陳	애공 10년 十
채蔡	경후 33년 三十三
조曹	성공 19년 十九
정鄭	간공 7년 七

연燕	무공 15년 十五	
오吳	제번 2년. 계자가 왕위를 사양했다. 초나라가 쳐들어왔다. 二 季子讓位 楚伐我	

서기전 **558**	주周	영왕 14년 十四
	노魯	양공 15년. 일식이 있었다. 제나라가 노나라를 쳤다. 十五 日蝕 齊伐我
	제齊	영공 24년. 노나라를 쳤다. 二十四 伐魯
	진晉	도공 15년. 도공이 죽었다. 十五 悼公薨
	진秦	경공 19년 十九
	초楚	강왕 2년 二
	송宋	평공 18년 十八
	위衛	위나라 상공 적 원년. 정공의 아우다. 衛殤公狄元年 定公弟 신주 〈위강숙세가〉에는 상공의 이름을 '추秋'라고 한다. 《좌전》에는 '표剽', 《한서》〈고금인표〉에는 '염焱'이라 한다. 상공은 정공의 아우이자, 쫓겨난 헌공의 숙부다.
	진陳	애공 11년 十一
	채蔡	경후 34년 三十四
	조曹	성공 20년 二十

정鄭	간공 8년 八	
연燕	무공 16년 十六	
오吳	제번 3년 三	

주周	영왕 15년 十五
노魯	양공 16년. 제나라가 노나라를 쳤다. 지진이 났다. 제나라가 다시 노나라 북쪽 변두리를 쳤다. 十六 齊伐我 地震 齊復伐我北鄙
제齊	영공 25년. 노나라를 쳤다. 二十五 伐魯
진晉	진나라 평공 표 원년. 초나라를 심판에서 무찔렀다. 晉平公彪元年 我敗楚于湛坂 색은 (湛坂은) 지명이다. 湛의 발음은 '심[視林反]'이다. 地名也 湛音視林反
진秦	경공 20년 二十
초楚	강왕 3년. 진晉나라가 쳐들어왔는데, 초나라가 심판에서 패했다. 三 晉伐我 敗湛坂
송宋	평공 19년 十九
위衛	상공 2년 二
진陳	애공 12년 十二
채蔡	경후 35년 三十五

조曹	성공 21년	二十一
정鄭	간공 9년	九
연燕	무공 17년	十七
오吳	제번 4년	四

서기전 **556**	주周	영왕 16년 十六
	노魯	양공 17년. 제나라가 북쪽 변두리를 쳤다. 十七 齊伐我北鄙
	제齊	영공 26년. 노나라를 쳤다. 二十六 伐魯
	진晉	평공 2년 二
	진秦	경공 21년 二十一
	초楚	강왕 4년 四
	송宋	평공 20년. 진나라를 쳤다 二十 伐陳
	위衛	상공 3년. 조나라를 쳤다. 三 伐曹
	진陳	애공 13년. 송나라가 쳐들어왔다. 十三 宋伐我
	채蔡	경후 36년 三十六

조曹	성공 22년. 위나라가 쳐들어왔다. 二十二 衞伐我	
정鄭	간공 10년 十	
연燕	무공 18년 十八	
오吳	제번 5년 五	

서기전 **555**	주周	영왕 17년 十七
	노魯	양공 18년. 진晉과 더불어 제나라를 쳤다. 十八 與晉伐齊
	제齊	영공 27년. 진이 임치를 포위했다. 안영(이 영공을 나무랐다). 二十七 晉圍臨淄 晏嬰
	진晉	평공 3년. 노, 송, 정, 위 나라를 거느리고 제나라를 포위하여 크게 쳐부수었다. 三 率魯宋鄭衞圍齊 大破之
	진秦	경공 22년 二十二
	초楚	강왕 5년. 정나라를 쳤다. 五 伐鄭
	송宋	평공 21년. 진나라가 송나라를 거느리고 제나라를 쳤다. 二十一 晉率我伐齊
	위衞	상공 4년 四
	진陳	애공 14년 十四
	채蔡	경후 37년 三十七

조曹	성공 23년. 성공이 죽었다. 二十三 成公薨	
정鄭	간공 11년. 진나라가 정나라를 거느리고 제나라를 포위했다. 초나라가 정나라를 쳤다. 十一 晉率我圍齊 楚伐我	
연燕	무공 19년. 무공이 죽었다. 十九 武公薨	
오吳	제번 6년 六	
서기전 **554**	주周	영왕 18년 十八
	노魯	양공 19년 十九
	제齊	영공 28년. 광을 폐하고 아들 아뮈를 세워 태자로 삼았다. 광이 최저와 더불어 아를 죽이고 스스로 즉위했다. 진나라와 위나라가 제나라를 쳤다. 二十八 廢光 立子牙爲太子 光與崔杼殺牙自立 晉衞伐我
	진晉	평공 4년. 위나라와 더불어 제나라를 쳤다. 四 與衞伐齊
	진秦	경공 23년 二十三
	초楚	강왕 6년 六
	송宋	평공 22년 二十二
	위衞	상공 5년. 진나라가 위나라를 거느리고 제나라를 쳤다. 五 晉率我伐齊
	진陳	애공 15년 十五

	채蔡	경후 38년 三十八	
	조曹	조나라 무공 승 원년 曹武公勝元年	
	정鄭	간공 12년. 자산이 경이 되었다. 十二 子産爲卿	
	연燕	연나라 문공 원년 燕文公元年	
	오吳	제번 7년 七	
서기전 **553**	주周	영왕 19년 十九	
	노魯	양공 20년. 일식이 있었다. 二十 日蝕	
	제齊	제나라 장공 원년 齊莊公元年	
	진晉	평공 5년 五	
	진秦	경공 24년 二十四	
	초楚	강왕 7년 七	
	송宋	평공 23년 二十三	
	위衞	상공 6년 六	
	진陳	애공 16년 十六	

채蔡	경후 39년 三十九	
조曹	무공 2년 二	
정鄭	간공 13년 十三	
연燕	문공 2년 二	
오吳	제번 8년 八	
서기전 **552**	주周	영왕 20년 二十
	노魯	양공 21년. 공이 진나라에 갔다. 다시 일식이 있었다. 二十一 公如晉 日再蝕
	제齊	장공 2년 二
	진晉	평공 6년. 노나라 양공이 왔다. 양설호를 죽였다. 六 魯襄公來 殺羊舌虎
	진秦	경공 25년 二十五
	초楚	강왕 8년 八
	송宋	평공 24년 二十四
	위衛	상공 7년 七
	진陳	애공 17년 十七

	채蔡	경후 40년 四十
	조曹	무공 3년 三
	정鄭	간공 14년 十四
	연燕	문공 3년 三
	오吳	제번 9년 九
서기전 **551**	주周	영왕 21년 二十一
	노魯	양공 22년. 공자가 태어났다. 二十二 孔子生
	제齊	장공 3년. 진晉나라 난영이 도망쳐 왔는데, 안영이 말했다. "돌려보냄만 못합니다." 三 晉欒逞來奔 晏嬰曰不如歸之 색은 난영欒逞은 진대부 난영欒盈이고, 여기서는 가장 통상적인 발음으로 읽는다. 欒逞 晉大夫欒盈 此音如字也
	진晉	평공 7년. 난영이 제나라로 달아났다. 七 欒逞奔齊
	진秦	경공 26년 二十六
	초楚	강왕 9년 九
	송宋	평공 25년 二十五
	위衛	상공 8년 八

진陳	애공 18년 十八	
채蔡	경후 41년 四十一	
조曹	무공 4년 四	
정鄭	간공 15년 十五	
연燕	문공 4년 四	
오吳	제번 10년 十	
서기전 **550**	주周	영왕 22년 二十二
	노魯	양공 23년 二十三
	제齊	장공 4년. 난영을 곡옥으로 들여보내 진晉나라를 치려고 했으며, 조가를 빼앗았다. 四 欲遣欒逞入曲沃伐晉 取朝歌
	진晉	평공 8년 八
	진秦	경공 27년 二十七
	초楚	강왕 10년 十
	송宋	평공 26년 二十六
	위衞	상공 9년. 제나라가 위나라를 쳤다. 九 齊伐我

진陳	애공 19년 十九	
채蔡	경후 42년 四十二	
조曹	무공 5년 五	
정鄭	간공 16년 十六	
연燕	문공 5년 五	
오吳	제번 11년 十一	
서기전 549	주周	영왕 23년 二十三
	노魯	양공 24년. 제나라를 침입했다. 다시 일식이 있었다. 二十四 侵齊 日再蝕
	제齊	장공 5년. 진나라를 두려워하여 초나라와 내통했는데, 안자가 계획했다. 五 畏晉通楚 晏子謀
	진晉	평공 9년 九
	진秦	경공 28년 二十八
	초楚	강왕 11년. 제나라와 더불어 통교했다. 진陳나라와 채나라를 거느리고 정나라를 쳐서 제나라를 구원했다. 十一 與齊通 率陳蔡伐鄭救齊
	송宋	평공 27년 二十七
	위衛	상공 10년 十

	진陳	애공 20년. 초나라가 진陳나라를 거느리고 정나라를 쳤다. 二十 楚率我伐鄭
	채蔡	경후 43년. 초나라가 채나라를 거느리고 정나라를 쳤다. 四十三 楚率我伐鄭
	조曹	무공 6년 六
	정鄭	간공 17년. 범선자가 진晉의 정치를 담당했다. 정나라는 진陳나 라를 정벌할 것을 청했다. 十七 范宣子爲政 我請伐陳
	연燕	문공 6년 六
	오吳	제번 12년 十二
서기전 **548**	주周	영왕 24년 二十四
	노魯	양공 25년. 제나라가 북쪽 변두리를 쳐서, 효백孝伯의 군사에 대 해 보복했다. 二十五 齊伐我北鄙 以報孝伯之師
	제齊	장공 6년. 진晉나라가 제나라를 쳐서 조가의 싸움에 보복했다. 최 저는 장공이 자신의 처와 사통하자 장공을 죽이고 그 아우를 세 우니 경공이다. 六 晉伐我 報朝歌 崔杼以莊公通其妻 殺之 立其弟 爲景公
	진晉	평공 10년. 제나라를 쳐서 고당에 이르렀다. 태행산의 싸움에 보 복했다. 十 伐齊至高唐 報太行之役
	진秦	경공 29년. 공이 진晉나라에 갔으나 맹약을 맺지 않았다. 二十九 公如晉 盟不結 **신주** 양공 25년 《좌전》에 따르면, 진晉은 한기韓起를 진秦으로 보냈고, 진 秦은 백거伯車를 진晉으로 보냈다.

초楚	강왕 12년. 오나라가 초나라를 쳐서 수군으로 (장강의 싸움에) 복수했는데, 화살을 쏴서 오왕을 죽였다. 十二 吳伐我 以報舟師之役 射殺吳王	
송宋	평공 28년 二十八	
위衛	상공 11년 十一	
진陳	애공 21년. 정나라가 쳐들어왔다. 二十一 鄭伐我	
채蔡	경후 44년 四十四	
조曹	무공 7년 七	
정鄭	간공 18년. 진陳나라를 쳐서 진陳나라로 쳐들어갔다. 十八 伐陳 入陳	
연燕	연나라 의공 원년 燕懿公元年	
오吳	제번 13년. 초나라를 쳐서 소문에 이르렀는데 화살을 맞아 부상당해 죽었다. 十三 諸樊伐楚 迫巢門 傷射以薨	

서기전 **547** 갑인甲寅	주周	영왕 25년 二十五
	노魯	양공 26년 二十六
	제齊	제나라 경공 저구 원년. 진晉나라에 가서 위나라 헌공을 돌려보낼 것을 청했다. 齊景公杵臼元年 如晉 請歸衛獻公
	진晉	평공 11년. 위나라 상공을 죽이고 다시 헌공을 들였다. 十一 誅衛殤公 復入獻公

진秦	경공 30년 三十
초楚	강왕 13년. 진나라와 채나라를 거느리고 정나라를 쳤다. 十三 率陳蔡伐鄭
송宋	평공 29년 二十九
위衛	상공 12년. 제나라와 진晉나라가 상공을 죽이고 다시 헌공을 들였다. 十二 齊晉殺殤公 復內獻公 신주 상공을 죽인 것은 위나라 영희甯喜다. 헌공은 들어와서 손림보의 영지인 척戚을 공격하여 진나라 병사 300명을 살해한 까닭에 진나라로 들어가서 사로잡혀 구금되었다가 돌아오게 된다. 자세한 것은 〈위강숙세가〉에 있다.
진陳	애공 22년. 초나라가 진陳나라를 거느리고 정나라를 쳤다. 二十二 楚率我伐鄭
채蔡	경후 45년 四十五
조曹	무공 8년 八
정鄭	간공 19년. 초나라가 진나라와 채나라를 거느리고 정나라를 쳤다. 十九 楚率陳蔡伐我
연燕	의공 2년 二
오吳	오나라 여제 원년 吳餘祭元年

서기전 **546**	주周	영왕 26년 二十六
	노魯	양공 27년. 일식이 있었다. 二十七 日蝕

제齊	경공 2년. 경봉이 전횡하고 싶어서 최씨 일족을 주살하자 최저가 자살했다. 二 慶封欲專 誅崔氏 杼自殺	
진晉	평공 12년 十二	
진秦	경공 31년 三十一	
초楚	강왕 14년 十四	
송宋	평공 30년 三十	
위衛	위나라 헌공 간衎 후원년 衞獻公衎後元年	
진陳	애공 23년 二十三	
채蔡	경후 46년 四十六	
조曹	무공 9년 九	
정鄭	간공 20년 二十	
연燕	의공 3년 三	
오吳	여제 2년 二	
서기전 **545**	주周	영왕 27년 二十七
	노魯	양공 28년. 공이 초나라에 갔다. 강왕을 장사지냈다. 二十八 公如楚 葬康王

제齊	경공 3년. 겨울, 포씨·고씨·난씨가 경봉을 도모하여 군사를 일으켜 경봉을 공격하자 경봉이 오나라로 달아났다. 三 冬 鮑高欒氏謀慶封 發兵攻慶封 慶封奔吳	
진晉	평공 13년 十三	
진秦	경공 32년 三十二	
초楚	강왕 15년. 강왕이 죽었다. 十五 康王薨	
송宋	평공 31년 三十一	
위衛	헌공 후 2년 二	
진陳	애공 24년 二十四	
채蔡	경후 47년 四十七	
조曹	무공 10년 十	
정鄭	간공 21년 二十一	
연燕	의공 4년. 의공이 죽었다. 四 懿公薨	
오吳	여제 3년. 제나라 경봉이 도망쳐 왔다. 三 齊慶封來奔	
서기전 **544**	주周	경왕 원년 景王元年
	노魯	양공 29년. 오나라 계찰이 와서 주나라 음악을 관람하고 음악이 만들어진 바를 모두 알았다. 二十九 吳季札來觀周樂 盡知樂所爲

제齊	경공 4년. 오나라 계찰이 사절로 와서 안영과 환담했다. 四 吳季札來使 與晏嬰歡
진晉	평공 14년. 오나라 계찰이 와서 말했다. "진의 정치는 끝내 한, 위, 조씨에게 돌아갈 것이오." 十四 吳季札來 曰 晉政卒歸韓魏趙
진秦	경공 33년 三十三
초楚	초나라 웅겹오 원년 楚熊郟敖元年
송宋	평공 32년 三十二
위衛	헌공 후 3년 三
진陳	애공 25년 二十五
채蔡	경후 48년 四十八
조曹	무공 11년 十一
정鄭	간공 22년. 오나라 계찰이 자산에게 말했다. "정나라 정치는 장 차 그대에게 돌아갈 것인데, 그대가 예로써 하면 재앙에서 다행히 벗어날 것이오." 二十二 吳季札謂子產曰 政將歸子 子以禮 幸脫於戹矣
연燕	연나라 혜공 원년. 제나라 고지가 도망쳐 왔다. 燕惠公元年 齊高止來奔 신주 《사기지의》에 따르면, 간공簡公이다.
오吳	여제 4년. 문지기가 여제를 살해했다. 계찰이 제후들에게 사절로 갔다. 四 守門閹殺餘祭 季札使諸侯

〈오태백세가〉에는 여제 17년이고 여말 4년이라 하여 실제와 바뀌었으나, 이곳에는 제대로 기록했다. 하지만 여제가 죽었다고 하면서도 여제의 재위 연수를 17년으로 그대로 놔둔 것은 또 의문이다. 아마 사마천이 여제와 여말의 재위 연수를 착각하여 기록한 것으로 보인다. 자세한 내용은 〈오태백세가〉에 있다.

서기전 **543**	주周	경왕 2년 二
	노魯	양공 30년 三十
	제齊	경공 5년 五
	진晉	평공 15년 十五
	진秦	경공 34년 三十四
	초楚	웅겹오 2년 二
	송宋	평공 33년 三十三
	위衛	위나라 양공 오 원년 衞襄公惡元年
	진陳	애공 26년 二十六
	채蔡	경후 49년. 태자를 위해 초나라 여인을 받아들였다가 공이 사통했다. 태자가 공을 죽이고 스스로 즉위했다. 四十九 爲太子取楚女 公通焉 太子殺公自立
	조曹	무공 12년 十二
	정鄭	간공 23년. 여러 공자들이 총애를 다투다 서로 죽이고 또 자산을 죽이려고 했는데, 자성이 그만두게 했다.

		二十三 諸公子爭寵相殺 又欲殺子產 子成止之
		신주 자성子成을 《좌전》에는 자피子皮라 하고, 〈정세가〉에는 어떤 공자라고 했다.
	연燕	혜공 2년 二
	오吳	여제 5년 五
서기전 **542**	주周	경왕 3년 三
	노魯	양공 31년. 양공이 죽었다. 三十一 襄公薨
	제齊	경공 6년 六
	진晉	평공 16년 十六
	진秦	경공 35년 三十五
	초楚	웅겹오 3년. 왕의 계부 위圍가 영윤이 되었다. 三 王季父圍爲令尹 **신주** 《사기지의》에 따르면, 《좌전》에는 위가 영윤이 된 것은 겹오 원년이라 하고 〈초세가〉에는 여기처럼 3년이라 한다.
	송宋	평공 34년 三十四
	위衛	양공 2년 二
	진陳	애공 27년 二十七
	채蔡	채나라 영후 반 원년 蔡靈侯班元年

조曹	무공 13년 十三	
정鄭	간공 24년 二十四	
연燕	혜공 3년 三	
오吳	여제 6년 六	
서기전 **541**	주周	경왕 4년 四
	노魯	노나라 소공 조 원년. 소공은 나이 열아홉인데도 어린아이 마음을 지녔다. 魯昭公稠元年 昭公年十九 有童心
	제齊	경공 7년 七
	진晉	평공 17년. 진후자가 도망쳐 왔다. 十七 秦后子來奔
	진秦	경공 36년. 공의 아우 후자 겸鍼이 진晉나라로 도망갔는데, 수레가 1천 대에 달했다. 三十六 公弟后子奔晉 車千乘
	초楚	웅겹오 4년. 영윤 위가 겹오를 살해하고 스스로 즉위하여 영왕이 되었다. 四 令尹圍殺郟敖 自立爲靈王
	송宋	평공 35년 三十五
	위衛	양공 3년 三
	진陳	애공 28년 二十八

	채蔡	영후 2년 二
	조曹	무공 14년 十四
	정鄭	간공 25년 二十五
	연燕	혜공 4년 四
	오吳	여제 7년 七
서기전 **540**	주周	경왕 5년 五
	노魯	소공 2년. 공이 진晉나라에 가서 하수에 이르렀는데, 진에서 사절하자 돌아왔다. 二 公如晉 至河 晉謝還之
	제齊	경공 8년. 전무우가 여인을 호송했다. 八 田無宇送女
	진晉	평공 18년. 제나라 전무우가 (제나라) 여인을 호송해 왔다. 十八 齊田無宇來送女
	진秦	경공 37년 三十七
	초楚	초나라 영왕 위 원년. 공왕의 아들로 옥벽에 팔꿈치를 올렸었다. 楚靈王圍元年 共王子 肘玉
	송宋	평공 36년 三十六
	위衛	양공 4년 四
	진陳	애공 29년 二十九

채蔡	영후 3년 三	
조曹	무공 15년 十五	
정鄭	간공 26년 二十六	
연燕	혜공 5년 五	
오吳	여제 8년 八	
서기전 **539**	주周	경왕 6년 六
	노魯	소공 3년 三
	제齊	경공 9년. 안영이 진나라에 사절로 가서 숙향을 만나 말했다. "제나라 정치는 전씨에게 돌아갈 것입니다." 숙향이 말했다. "진 공실은 쇠하게 될 것입니다." 九 晏嬰使晉 見叔向 曰 齊政歸田氏 叔向曰 晉公室卑
	진晉	평공 19년 十九
	진秦	경공 38년 三十八
	초楚	영왕 2년 二
	송宋	평공 37년 三十七
	위衛	양공 5년 五
	진陳	애공 30년 三十

채蔡	영후 4년	
	四	
조曹	무공 16년	
	十六	
정鄭	간공 27년. 여름, 공이 진나라에 갔다. 겨울, 초나라에 갔다.	
	二十七 夏 如晉 冬 如楚	
연燕	혜공 6년. 공이 공경들을 죽이고 총애하는 신하를 세우려고 하자 공경들이 총신을 죽였다. 공이 두려워서 제나라로 달아났다.	
	六 公欲殺公卿立幸臣 公卿誅幸臣 公恐 出奔齊	
오吳	여제 9년	
	九	
서기전 **538**	주周	경왕 7년
		七
	노魯	소공 4년. 병을 일컫고 초나라와 회합하지 않았다.
		四 稱病不會楚
	제齊	경공 10년
		十
	진晉	평공 20년
		二十
	진秦	경공 39년
		三十九
	초楚	영왕 3년. 여름, 송나라 땅에서 제후들을 회합하여 맹세했다. 오나라 주방朱方을 쳐서 경봉을 주살했다. 겨울, 오나라가 보복하여 세 성을 빼앗았다.
		三 夏 合諸侯宋地 盟 伐吳朱方 誅慶封 冬 報我 取三城
	송宋	평공 38년
		三十八
	위衛	양공 6년. 병을 일컫고 초나라와 회합하지 않았다.
		六 稱病不會楚

진陳	애공 31년 三十一	
채蔡	영후 5년 五	
조曹	무공 17년. 병을 사칭하여 초나라와 회합하지 않았다. 十七 稱病不會楚	
정鄭	간공 28년. 자산이 말했다. "세 나라가 회합하지 않았다." 二十八 子產曰 三國不會 **신주** 《사기지의》에 따르면,《좌전》에서 자산이 초왕에게 대답하여 네 나라라고 했는데, 사마천이 주邾나라 표를 작성하지 않았기에 세 나라라고 고친 것이라고 한다.	
연燕	혜공 7년 七	
오吳	여제 10년. 초나라가 경봉을 죽였다. 十 楚誅慶封	
서기전 **537** 갑자甲子	주周	경왕 8년 八
	노魯	소공 5년 五
	제齊	경공 11년 十一
	진晉	평공 21년. 진후자가 진秦으로 돌아갔다. 二十一 秦后子歸秦
	진秦	경공 40년. 경공이 죽었다. 후자가 진에서 돌아왔다. 四十 公卒 后子自晉歸
	초楚	영왕 4년. 제후들을 거느리고 오나라를 쳤다. 四 率諸侯伐吳
	송宋	평공 39년 三十九

위衛	양공 7년 七	
진陳	애공 32년 三十二	
채蔡	영후 6년 六	
조曹	무공 18년 十八	
정鄭	간공 29년 二十九	
연燕	혜공 8년 八	
오吳	여제 11년. 초나라가 제후들을 거느리고 쳐들어왔다. 十一 楚率諸侯伐我	

서기전 **536**	주周	경왕 9년 九
	노魯	소공 6년 六
	제齊	경공 12년. 공이 진나라에 가서 연나라를 쳐서는 그 군주(혜공)를 들일 것을 청했다. 十二 公如晉 請伐燕 入其君
	진晉	평공 22년. 제경공이 와서 연나라를 쳐서 그 군주를 들일 것을 청했다. 二十二 齊景公來 請伐燕 入其君
	진秦	진나라 애공 원년 秦哀公元年 신주 〈진본기〉에는 애공이지만, 〈진시황본기〉에는 필공畢公이라 한다. 애공이라 시호할 이유가 없으니 필공일 것이다.
	초楚	영왕 5년. 오나라를 쳐서 건계에 주둔했다. 五 伐吳 次乾谿

송宋	평공 40년 四十	
위衛	양공 8년 八	
진陳	애공 33년 三十三	
채蔡	영후 7년 七	
조曹	무공 19년 十九	
정鄭	간공 30년 三十	
연燕	혜공 9년. 제나라가 연나라를 쳤다. 九 齊伐我	
오吳	여제 12년. 초나라가 쳐들어와서 건계에 주둔했다. 十二 楚伐我 次乾谿	
서기전 **535**	주周	경왕 10년 十
	노魯	소공 7년. 계무자가 죽었다. 일식이 있었다. 七 季武子卒 日蝕
	제齊	경공 13년. 연나라 군주 혜공을 들여보냈다. 十三 入燕君
	진晉	평공 23년. 연나라 군주를 들여보냈다. 二十三 入燕君
	진秦	애공 2년 二
	초楚	영왕 6년. 우윤芋尹(신무우申無宇)이 도망친 사람을 잡으려고 장화대章華臺로 들어왔다. 六 執芋尹亡人入章華

송宋	평공 41년 四十一	
위衛	양공 9년. 부인 강씨는 아들이 없었다. 九 夫人姜氏無子	
진陳	애공 34년 三十四	
채蔡	영후 8년 八	
조曹	무공 20년 二十	
정鄭	간공 31년 三十一	
연燕	연나라 도공 원년. 혜공이 돌아와서 죽음에 이르렀다. 燕悼公元年 惠公歸至卒 신주 통상 군주가 죽으면 다음해부터 차기 군주 원년으로 삼는데, 무슨 이유에서인지 도공 원년으로 잡았다.	
오吳	여제 13년 十三	
서기전 **534**	주周	경왕 11년 十一
	노魯	소공 8년. 공이 초나라에 갔는데, 초나라가 억류하여 장화대에서 축하하게 했다. 八 公如楚 楚留之 賀章華臺 신주 《사기지의》에 따르면, 이전인 소공 7년이다.
	제齊	경공 14년 十四
	진晉	평공 24년 二十四

진秦	애공 3년 三	
초楚	영왕 7년. 장화대를 세우려고 유랑민들을 마을 안에 머물게 했다. 진陳나라를 멸했다. 七 就章華臺 內亡人實之 滅陳	
송宋	평공 42년 四十二	
위衛	위나라 영공 원년 衛靈公元年	
진陳	애공 35년. 아우 초가 난을 일으키자 애공이 자살했다. 三十五 弟招作亂 哀公自殺	
채蔡	영후 9년 九	
조曹	무공 21년 二十一	
정鄭	간공 32년 三十二	
연燕	도공 2년 二	
오吳	여제 14년 十四	
서기전 **533**	주周	경왕 12년 十二
	노魯	소공 9년 九
	제齊	경공 15년 十五
	진晉	평공 25년 二十五

진秦	애공 4년	
	四	
초楚	영왕 8년. 아우 기질이 군사를 거느리고 진陳나라를 평정했다.	
	八 弟棄疾將兵定陳	
송宋	평공 43년	
	四十三	
위衞	영공 2년	
	二	
진陳	진나라 혜공 오 원년. 애공의 손자다. 초나라가 와서 진나라를 평정했다.	
	陳惠公吳元年 哀公孫也 楚來定我	
	신주 나중에 초나라 평왕에 오른 기질이 진과 채 나라를 다시 세워 주었으므로, 후임 군주가 전임 군주를 이었다고 보아 명목상 원년으로 삼은 것이다.	
채蔡	영후 10년	
	十	
조曹	무공 22년	
	二十二	
정鄭	간공 33년	
	三十三	
연燕	도공 3년	
	三	
오吳	여제 15년	
	十五	
서기전 **532**	주周	경왕 13년
		十三
	노魯	소공 10년
		十
	제齊	경공 16년
		十六

진晉	평공 26년. 봄, 별이 무녀성에 나타났다. 7월, 공이 죽었다. 二十六 春 有星出婺女 七月 公薨	
진秦	애공 5년 五	
초楚	영왕 9년 九	
송宋	평공 44년. 평공이 죽었다. 四十四 平公薨	
위衛	영공 3년 三	
진陳	혜공 2년 二	
채蔡	영후 11년 十一	
조曹	무공 23년 二十三	
정鄭	간공 34년 三十四	
연燕	도공 4년 四	
오吳	여제 16년 十六	
서기전 **531**	주周	경왕 14년 十四
	노魯	소공 11년 十一
	제齊	경공 17년 十七
	진晉	진나라 소공 이 원년 晉昭公夷元年

진秦	애공 6년 六	
초楚	영왕 10년. 채후를 취하게 하여 죽이고 기질을 시켜 포위했다. 기질이 거주하며 채후가 되었다. 十 醉殺蔡侯 使棄疾圍之 棄疾居之 爲蔡侯	
	신주 《사기지의》에 따르면, 《좌전》에 3월에 채후를 취하게 하여 사로잡고 4월에 살해했다고 한다. 여기서는 축약했다.	
송宋	송나라 원공 좌 원년 宋元公佐元年	
위衛	영공 4년 四	
진陳	혜공 3년 三	
채蔡	영후 12년. 영후가 초나라에 갔는데, 초나라가 그를 죽이고 기질로 하여금 거주하게 하며 채후로 삼았다. 十二 靈侯如楚 楚殺之 使棄疾居之 爲蔡侯	
조曹	무공 24년 二十四	
정鄭	간공 35년 三十五	
연燕	도공 5년 五	
오吳	여제 17년 十七	
서기전 **530**	**주周**	경왕 15년 十五
	노魯	소공 12년. 진晉나라에 조회하러 가다가 하수에 이르렀는데, 진에서 사절하여 돌아왔다. 十二 朝晉至河 晉謝之歸

제齊	경공 18년. 공이 진에 갔다. 十八 公如晉
진晉	소공 2년 二
진秦	애공 7년 七
초楚	영왕 11년. 왕이 서나라를 치자 오나라가 두려워했다. 건계에 주둔했다. 백성들은 노역을 파하고 왕을 원망했다. 十一 王伐徐以恐吳 次乾谿 民罷於役 怨王
송宋	원공 2년 二
위衛	영공 5년. 공이 진나라에 가서 후계 군주를 조현했다. 五 公如晉 朝嗣君
진陳	혜공 4년 四
채蔡	채나라 후(평후) 려 원년. 경후의 아들이다. 蔡侯廬元年 景侯子
조曹	무공 25년 二十五
정鄭	간공 36년. 공이 진나라에 갔다. 三十六 公如晉
연燕	도공 6년 六
오吳	오나라 여말 원년 吳餘昧元年 색은 (昧의) 발음은 '말秫'이다. 원년이다. 音秫 元年 신주 경왕 2년(서기전 543)으로 보는 견해도 있다.

주周	경왕 16년 十六
노魯	소공 13년 十三
제齊	경공 19년 十九
진晉	소공 3년 三
진秦	애공 8년 八
초楚	영왕 12년. 기질이 난리를 일으켜 스스로 즉위하자, 영왕이 자살했다. 진나라와 채나라를 다시 세워주었다. 十二 棄疾作亂自立 靈王自殺 復陳蔡
송宋	원공 3년 三
위衛	영공 6년 六
진陳	혜공 5년. 초평왕이 진陳나라를 회복시켜 혜공을 세웠다. 五 楚平王復陳 立惠公
채蔡	평후 2년. 초평왕이 채나라를 회복시켜 경후의 아들 려를 세웠다. 二 楚平王復我 立景侯子廬 [집해] 서광이 말했다. "다른 본에는 경후의 아들 '허虛'라 했다." 徐廣曰 一本景侯子虛 [신주] 《사기지의》에 따르면, 경후는 영후의 증손이다. 〈관채세가〉에서는 경후의 어린 아들 희려를 잇게 했으며 그가 평후라고 했다.
조曹	무공 26년 二十六
정鄭	정나라 정공 녕 원년 鄭定公寧元年

연燕	도공 7년 七	
오吳	여말 2년 二	
서기전 **528**	주周	경왕 17년 十七
	노魯	소공 14년 十四
	제齊	경공 20년 二十
	진晉	소공 4년 四
	진秦	애공 9년 九
	초楚	초나라 평왕 거 원년. 공왕의 아들로 지덕을 겸비했다. 楚平王居元年 共王子 抱玉
	송宋	원공 4년 四
	위衛	영공 7년 七
	진陳	혜공 6년 六
	채蔡	평후 3년 三
	조曹	무공 27년 二十七
	정鄭	정공 2년 二
	연燕	연나라 공공 원년 燕共公元年

	오吳	여말 3년 三
서기전 **527** 갑술甲戌	주周	경왕 18년. 후태자가 죽었다. 十八 后太子卒
	노魯	소공 15년. 일식이 있었다. 공이 진나라에 갔는데, 진나라에서 억류하여 장례에 가게 하자 공이 수치로 여겼다. 十五 日蝕 公如晉 晉留之葬 公恥之 **신주** 이때 소공이 진나라에 간 것은 맞다. 다음해 귀국하여 돌아오는 길에 진소공이 죽었는데, 진나라에서 돌아오던 소공을 붙잡아 그들의 군주 장례에 참석하게 했다. 노나라에서 그것을 치욕으로 여겼다.
	제齊	경공 21년 二十一
	진晉	소공 5년 五
	진秦	애공 10년 十
	초楚	평왕 2년. 왕이 태자를 위해 진秦 여인을 맞이했다가 좋아하여 자신이 취했다. 二 王爲太子取秦女 好 自取之
	송宋	원공 5년 五
	위衛	영공 8년 八
	진陳	혜공 7년 七
	채蔡	평후 4년 四
	조曹	조나라 평공 수 원년 曹平公須元年

정鄭	정공 3년 三	
연燕	공공 2년 二	
오吳	여말 4년 四	
서기전 526	주周	경왕 19년 十九
	노魯	소공16년 十六
	제齊	경공 22년 二十二
	진晉	소공 6년. 공이 죽었다. 6경이 강해지고 공실이 더욱 쇠해졌다. 六 公卒 六卿彊 公室卑矣
	진秦	애공 11년 十一
	초楚	평왕 3년 三
	송宋	원공 6년 六
	위衛	영공 9년 九
	진陳	혜공 8년 八
	채蔡	평후 5년 五
	조曹	평공 2년 二

정鄭	정공 4년 四	
연燕	공공 3년 三	
오吳	오나라 요 원년 吳僚元年	
서기전 **525**	주周	경왕 20년 二十
	노魯	소공 17년. 5월 초하루, 일식이 있었다. 혜성이 진辰에 나타났다. 十七 五月朔 日蝕 彗星見辰
	제齊	경공 23년 二十三
	진晉	진나라 경공 거질 원년 晉頃公去疾元年
	진秦	애공 12년 十二
	초楚	평왕 4년. 오나라와 싸웠다. 四 與吳戰
	송宋	원공 7년 七
	위衛	영공 10년 十
	진陳	혜공 9년 九
	채蔡	평후 6년 六
	조曹	평공 3년 三

정鄭	정공 5년. 화재가 나서 제사를 지내려고 하자, 자산이 말했다. "덕을 닦느니만 못합니다." 五 火 欲禳之 子産曰 不如修德	
연燕	공공 4년 四	
오吳	요 2년. 초나라와 싸웠다. 二 與楚戰	
서기전 **524**	주周	경왕 21년 二十一
	노魯	소공 18년 十八
	제齊	경공 24년 二十四
	진晉	경공 2년 二
	진秦	애공 13년 十三
	초楚	평왕 5년 五
	송宋	원공 8년. 화재가 났다. 八 火
	위衞	영공 11년. 화재가 났다. 十一 火
	진陳	혜공 10년. 화재가 났다. 十 火
	채蔡	평후 7년 七
	조曹	평공 4년. 평공이 죽었다. 四 平公薨

	정鄭	정공 6년. 화재가 났다. 六 火	
	연燕	공공 5년. 공공이 죽었다. 五 共公薨	
	오吳	요 3년 三	
서기전 **523**	주周	경왕 22년 二十二	
	노魯	소공 19년. 지진이 났다. 十九 地震	
	제齊	경공 25년 二十五	
	진晉	경공 3년 三	
	진秦	애공 14년 十四	
	초楚	평왕 6년 六	
	송宋	원공 9년 九	
	위衛	영공 12년 十二	
	진陳	혜공 11년 十一	
	채蔡	평후 8년 八	
	조曹	조나라 도공 오 원년 曹悼公午元年	

	정鄭	정공 7년 七
	연燕	연나라 평공 원년 燕平公元年
	오吳	요 4년 四
서기전 **522**	주周	경왕 23년 二十三
	노魯	소공 20년. 제나라 경공이 안자와 더불어 사냥하다가 노나라로 들어와 예를 물었다. 二十 齊景公與晏子狩 入魯問禮
	제齊	경공 26년. 노나라 강역에서 사냥한 관계로 노나라로 들어갔다. 二十六 獵魯界 因入魯
	진晉	경공 4년 四
	진秦 •	애공 15년 十五
	초楚	평왕 7년. 오사伍奢와 오상伍尙을 죽이자 태자 건은 송나라로, 오서는 오나라로 달아났다. 七 誅伍奢尙 太子建奔宋 伍胥奔吳
	송宋	원공 10년. 원공은 믿음이 없었다. 그래서 여러 공자를 속여서 죽였는데, 초나라 태자 건이 도망쳐 왔다가 난이 일어난 것을 보고 정나라로 갔다. 十 公毋信 詐殺諸公子 楚太子建來奔 見亂 之鄭
	위衛	영공 13년 十三
	진陳	혜공 12년 十二
	채蔡	평후 9년. 평후가 죽었다. 평후의 손자 동국이 평후의 아들을 죽이고 스스로 즉위했다.

		九 平侯薨 靈侯孫東國殺平侯子而自立
		신주 《사기지의》에 따르면, 소공 21년 《좌전》에서는 평후의 아들 주朱가 즉위했는데, 채나라 사람들이 초나라를 두려워해 주를 내치고 동국을 옹립했 다고 한다. 즉 경왕 24년(서기전 521)이 주 원년이며, 그 해 초나라로 달아났다.
	조曹	도공 2년 二
	정鄭	정공 8년. 초나라 태자 건이 송나라로부터 도망쳐 왔다. 八 楚太子建從宋來奔
	연燕	평공 2년 二
	오吳	요 5년. 오원(오자서)이 도망쳐 왔다. 五 伍員來奔
서기전 **521**	주周	경왕 24년 二十四
	노魯	소공 21년. 공이 진에 가서 하수에 이르렀는데, 진에서 사절하여 돌아왔다. 일식이 있었다. 二十一 公如晉至河 晉謝之 歸 日蝕
	제齊	경공 27년 二十七
	진晉	경공 5년 五
	진秦	애공 16년 十六
	초楚	평왕 8년. 채후가 도망쳐 왔다. 八 蔡侯來奔
	송宋	원공 11년 十一
	위衛	영공 14년 十四

	진陳	혜공 13년 十三
	채蔡	채나라 도후 동국 원년. 초나라로 달아났다. 蔡悼侯東國元年 奔楚 　신주　달아난 사람은 평후의 아들 주朱라는 견해도 있다.
	조曹	도공 3년 三
	정鄭	정공 9년 九
	연燕	평공 3년 三
	오吳	요 6년 六
서기전 **520**	주周	경왕 25년 二十五
	노魯	소공 22년. 일식이 있었다. 二十二 日蝕
	제齊	경공 28년 二十八
	진晉	경공 6년. 주 왕실이 어지러워지자 공이 난을 평정하고 경왕을 세웠다. 六 周室亂 公平亂 立敬王 　신주　〈주본기〉에 경왕이 죽고 왕자 맹猛이 즉위했는데, 왕자 조朝에게 살해당하니 도왕悼王이라 한다. 진晉에서 조를 공격하고 개丐를 세우니 이 사람이 경왕이라 한다. 《춘추》에는 10월에 도왕이 죽었다고 하는데, 《좌전》에는 11월이라 한다.
	진秦	애공 17년 十七
	초楚	평왕 9년 九

	송宋	원공 12년 十二
	위衞	영공 15년 十五
	진陳	혜공 14년 十四
	채蔡	도후 2년 二
	조曹	도공 4년 四
	정鄭	정공 10년 十
	연燕	평공 4년 四
	오吳	요 7년 七
서기전 **519**	주周	경왕 원년 敬王元年
	노魯	소공 23년. 지진이 났다. 二十三 地震
	제齊	경공 29년 二十九
	진晉	경공 7년 七
	진秦	애공 18년 十八
	초楚	평왕 10년. 오나라가 초나라를 쳐서 무찔렀다. 十 吳伐敗我

송宋	원공 13년 十三	
위衛	영공 16년 十六	
진陳	혜공 15년. 오나라가 진나라의 군대를 무찌르고, 호와 심 땅을 빼앗았다. 十五 吳敗我兵 取胡沈	
채蔡	도후 3년 三	
조曹	도공 5년 五	
정鄭	정공 11년. 도망 온 초나라 태자 건이 난리를 일으키자 그를 죽였다. 十一 楚建作亂 殺之 신주 〈정세가〉에는 10년이라 하며 건의 아들 승勝은 오나라로 달아났다고 한다.	
연燕	평공 5년 五	
오吳	요 8년. 공자 광이 초나라를 무찔렀다. 八 公子光敗楚	
서기전 **518**	주周	경왕 2년 二
	노魯	소공 24년. 구욕이란 새가 날아와서 둥지를 틀었다. 二十四 鸜鵒來巢 신주 《춘추》와 〈노주공세가〉에는 모두 25년이라고 했다.
	제齊	경공 30년 三十
	진晉	경공 8년 八

진秦	애공 19년 十九	
초楚	평왕 11년. 오나라 비량 사람이 뽕을 다투었다. 초나라 종리 땅을 쳐서 빼앗았다. 十一 吳卑梁人爭桑 伐取我鍾離	
송宋	원공 14년 十四	
위衛	영공 17년 十七	
진陳	혜공 16년 十六	
채蔡	채나라 소후 신 원년. 도후의 아우다. 蔡昭侯申元年 悼侯弟	
조曹	도공 6년 六	
정鄭	정공 12년. 공이 진나라에 가서 왕을 들일 것을 청했다. 十二 公如晉 請內王	
연燕	평공 6년 六	
오吳	요 9년 九	
서기전 **517** 갑신甲申	주周	경왕 3년 三
	노魯	소공 25년. 공이 계씨를 죽이려 하자 삼환씨가 공을 공격했고, 공 은 탈출해 운鄆에 머물렀다. 二十五 公欲誅季氏 三桓氏攻公 公出居鄆 색은 (鄆의) 발음은 '운運'이다. 音運 신주 25년에는 제나라로 달아났고, 26년에 비로소 운에 머물렀다.

	제齊	경공 31년 三十一
	진晉	경공 9년 九
	진秦	애공 20년 二十
	초楚	평왕 12년 十二
	송宋	원공 15년 十五
	위衞	영공 18년 十八
	진陳	혜공 17년 十七
	채蔡	소후 2년 二
	조曹	도공 7년 七
	정鄭	정공 13년 十三
	연燕	평공 7년 七
	오吳	요 10년 十
서기전 **516**	주周	경왕 4년 四
	노魯	소공 26년. 제나라가 노나라 운鄆 땅을 취해 공을 머물게 했다. 二十六 齊取我鄆以處公

제齊	경공 32년. 혜성이 나타났다. 안자가 말했다. "전씨가 제나라에서 덕이 있으니 두렵기만 하다." 三十二 彗星見 晏子曰 田氏有德於齊 可畏
진晉	경공 10년. 지력과 조앙이 왕성으로 왕을 들였다. 十 知櫟趙鞅內王於王城
진秦	애공 21년 二十一
초楚	평왕 13년. 자서를 세우려고 했으나 자서가 마다했다. 진秦나라 여인의 아들을 세우니 소왕이다. 十三 欲立子西 子西不肯 秦女子立 爲昭王
송宋	송나라 경공 두만 원년 宋景公頭曼元年 색은 (曼의) 발음은 '만萬'이다. 音萬
위衛	영공 19년 十九
진陳	혜공 18년 十八
채蔡	소후 3년 三
조曹	도공 8년 八
정鄭	정공 14년 十四
연燕	평공 8년 八
오吳	요 11년 十一

서기전 **515**	주周	경왕 5년 五
	노魯	소공 27년 二十七
	제齊	경공 33년 三十三
	진晉	경공 11년 十一
	진秦	애공 22년 二十二
	초楚	초나라 소왕 진 원년. 비무기를 주살해 민심을 설득했다. 楚昭王珍元年 誅無忌以說眾
	송宋	경공 2년 二
	위衛	영공 20년 二十
	진陳	혜공 19년 十九
	채蔡	소후 4년 四
	조曹	도공 9년 九
	정鄭	정공 15년 十五
	연燕	평공 9년 九
	오吳	요 12년. 공자 광이 전제를 시켜 요를 죽이고 스스로 즉위했다. 十二 公子光使專諸殺僚 自立

서기전 **514**	주周	경왕 6년 六
	노魯	소공 28년. 공이 진나라에 가서 들어갈 것을 요구했으나 진나라에서 들어주지 않고 건후에 머물게 했다. 二十八 公如晉 求入 晉弗聽 處之乾侯
	제齊	경공 34년 三十四
	진晉	경공 12년. 6경이 공족들을 죽이고 그 읍을 나누었다. 각자의 아들을 대부로 삼았다. 十二 六卿誅公族 分其邑 各使其子爲大夫 **신주** 멸망당한 것은 기씨祁氏와 양설씨洋舌氏로, 공족이며 경공의 미움을 받아서 그리됐다. 그들의 10개 읍을 나누어 여러 대부를 임명했는데, 6경 소속은 4명이다.
	진秦	애공 23년 二十三
	초楚	소왕 2년 二
	송宋	경공 3년 三
	위衛	영공 21년 二十一
	진陳	혜공 20년 二十
	채蔡	소후 5년 五
	조曹	조나라 양공 원년 曹襄公元年 **집해** 서광이 말했다. "다른 판본에는 '성공聲公'이라 한다." 徐廣曰 一作聲 **신주** 〈관채세가〉의 〈조숙진탁세가〉에도 역시 '성공'이라 한다.

	정鄭	정공 16년 十六
	연燕	평공 10년 十
	오吳	오나라 합려 원년 吳闔閭元年
서기전 **513**	주周	경왕 7년 七
	노魯	소공 29년. 공이 건후에서 운으로 갔다. 제나라 군주가 '주군'이라 하자 공이 부끄럽게 여겨 다시 건후로 갔다. 二十九 公自乾侯如鄆 齊侯曰主君 公恥之 復之乾侯
	제齊	경공 35년 三十五
	진晉	경공 13년 十三
	진秦	애공 24년 二十四
	초楚	소왕 3년 三
	송宋	경공 4년 四
	위衞	영공 22년 二十二
	진陳	혜공 21년 二十一
	채蔡	소후 6년 六
	조曹	양공 2년 二

정鄭	정나라 헌공 채 원년 鄭獻公蠆元年	
연燕	평공 11년 十一	
오吳	합려 2년 二	
서기전 **512**	주周	경왕 8년 八
	노魯	소공 30년 三十
	제齊	경공 36년 三十六
	진晉	경공 14년. 경공이 죽었다. 十四 頃公薨
	진秦	애공 25년 二十五
	초楚	소왕 4년. 오나라 세 공자가 도망오자 그들을 봉하여 오나라를 막도록 했다. 四 吳三公子來奔 封以扞吳
	송宋	경공 5년 五
	위衞	영공 23년 二十三
	진陳	혜공 22년 二十二
	채蔡	소후 7년 七
	조曹	양공 3년 三

정鄭	헌공 2년 二	
연燕	평공 12년 十二	
오吳	합려 3년. 세 공자가 초나라로 달아났다. 三 三公子奔楚	

서기전 **511**	주周	경왕 9년 九
	노魯	소공 31년. 일식이 있었다. 三十一 日蝕
	제齊	경공 37년 三十七
	진晉	진나라 정공 오 원년 晉定公午元年
	진秦	애공 26년 二十六
	초楚	소왕 5년. 오나라가 초나라의 육과 잠 땅을 쳤다. 五 吳伐我六潛
	송宋	경공 6년 六
	위衛	영공 24년 二十四
	진陳	혜공 23년 二十三
	채蔡	소후 8년 八
	조曹	양공 4년 四

	정鄭	헌공 3년 三
	연燕	평공 13년 十三
	오吳	합려 4년. 초나라의 육과 잠 땅을 쳤다. 四 伐楚六潛
서기전 **510**	주周	경왕 10년. 진나라가 제후들로 하여금 주나라를 위해 성을 쌓게 했다. 十 晉使諸侯爲我築城
	노魯	소공 32년. 공이 건후에서 죽었다. 三十二 公卒乾侯
	제齊	경공 38년 三十八
	진晉	정공 2년. 제후들을 거느리고 주나라를 위해 성을 쌓게 했다. 二 率諸侯爲周築城
	진秦	애공 27년 二十七
	초楚	소왕 6년 六
	송宋	경공 7년 七
	위衛	영공 25년 二十五
	진陳	혜공 24년 二十四
	채蔡	소후 9년 九
	조曹	양공 5년. 평공의 아우 통이 양공을 죽이고 스스로 즉위했다. 五 平公弟通殺襄公自立

정鄭	헌공 4년 四	
연燕	평공 14년 十四	
오吳	합려 5년 五	

주周	경왕 11년 十一	
노魯	노나라 정공 송 원년. 소공의 상여가 건후에서 이르렀다. 魯定公宋元年 昭公喪自乾侯至	
제齊	경공 39년 三十九	
진晉	정공 3년 三	
진秦	애공 28년 二十八	
초楚	소왕 7년. 낭와가 오나라를 쳤는데, (오나라가) 예장에서 패했다. 채후가 조회하러 왔다. 七 囊瓦伐吳 敗我豫章 蔡侯來朝	
	색은 낭와는 초나라 대부 자상이다. 자낭의 손자다. 囊瓦 楚大夫子常也 子囊之孫	
송宋	경공 8년 八	
위衞	영공 26년 二十六	
진陳	혜공 25년 二十五	
채蔡	소후 10년. 초나라에 조회했는데, 갖옷(짐승가죽으로 만든 옷) 탓에 억류되었다. 十 朝楚 以裘故留	

조曹	조나라 은공 원년 曹隱公元年	
정鄭	헌공 5년 五	
연燕	평공 15년 十五	
오吳	합려 6년. 초나라가 쳐들어왔지만, 맞서 쳐서 무찌르고 초나라의 거소 땅을 빼앗았다. 六 楚伐我 迎擊 敗之 取楚之居巢	
	신주 《사기〉지의》에 따르면, 정공 2년 《좌전》에 나온다. 반면 여기와 오와 초의 〈세가〉 및 〈오자서전〉에는 모두 이 해에 나온다고 한다.	

서기전 **508**	주周	경왕 12년 十二
	노魯	정공 2년 二
	제齊	경공 40년 四十
	진晉	정공 4년 四
	진秦	애공 29년 二十九
	초楚	소왕 8년 八
	송宋	경공 9년 九
	위衛	영공 27년 二十七
	진陳	혜공 26년 二十六

채蔡	소후 11년 十一	
조曹	은공 2년 二	
정鄭	헌공 6년 六	
연燕	평공 16년 十六	
오吳	합려 7년 七	
서기전 **507** 갑오甲午	주周	경왕 13년 十三
	노魯	정공 3년 三
	제齊	경공 41 四十一
	진晉	정공 5년 五
	진秦	애공 30년 三十
	초楚	소왕 9년. 채소후가 3년간 억류되었는데, 갖옷을 얻었기 때문에 돌려보냈다. 九 蔡昭侯留三歲 得裘 故歸
	송宋	경공 10년 十
	위衛	영공 28년 二十八
	진陳	혜공 27년 二十七

채蔡	소후 12년. 자상에게 갖옷을 주고 돌아오게 되었다. 진晉나라에 가서 초나라를 칠 것을 청했다. 十二 與子常裘 得歸 如晉 請伐楚	
조曹	은공 3년 三	
정鄭	헌공 7년 七	
연燕	평공 17년 十七	
오吳	합려 8년 八	

서기전 **506**	주周	경왕 14년. 진晉나라와 더불어 제후들을 거느리고 초나라를 침입했다. 十四 與晉率諸侯侵楚
	노魯	정공 4년 四
	제齊	경공 42년 四十二
	진晉	정공 6년. 주나라가 진나라와 더불어 제후들을 거느리고 초나라를 침입했다. 六 周與我率諸侯侵楚
	진秦	애공 31년. 초나라 신포서申包胥가 구원을 청했다. 三十一 楚包胥請救
	초楚	소왕 10년. 오나라와 채나라가 초나라를 공격하여 영郢으로 쳐들어오자 소왕은 도망쳤다. 오자서가 평왕의 묘를 파내 시신을 채찍질 했다. 十 吳蔡伐我 入郢 昭王亡 伍子胥鞭平王墓
	송宋	경공 11년 十一

위衛	영공 29년. 채나라와 우두머리를 다투었다. 二十九 與蔡爭長	
진陳	혜공 28년 二十八	
채蔡	소후 13년. 위나라와 우두머리를 다투었다. 초나라가 채나라를 침입했는데, 오나라는 채나라와 더불어 초나라를 쳐서 영으로 쳐들어갔다. 十三 與衞爭長 楚侵我 吳與我伐楚 入郢	
조曹	은공 4년 四	
정鄭	헌공 8년 八	
연燕	평공 18년 十八	
오吳	합려 9년. 채나라와 더불어 초나라를 쳐서 영으로 쳐들어갔다. 九 與蔡伐楚 入郢	
서기전 **505**	주周	경왕 15년 十五
	노魯	정공 5년. 양호가 계환자를 잡아 더불어 맹세한 다음에 풀어주었다. 일식이 있었다. 五 陽虎執季桓子 與盟 釋之 日蝕
	제齊	경공 43년 四十三
	진晉	정공 7년 七
	진秦	애공 32년 三十二
	초楚	소왕 11년. 진秦나라가 구원하기에 이르자 오나라는 철수했으며 소왕이 다시 들어왔다. 十一 秦救至 吳去 昭王復入

송宋	경공 12년 十二	
위衞	영공 30년 三十	
진陳	진나라 회공 류 원년 陳懷公柳元年	
채蔡	소후 14년 十四	
조曹	조나라 정공 로 원년 曹靖公路元年	
정鄭	헌공 9년 九	
연燕	평공 19년 十九	
오吳	합려 10년 十	
서기전 **504**	주周	경왕 16년. 왕자 조의 무리가 난을 일으키자 왕이 진晉나라로 달아났다. 十六 王子朝之徒作亂故 王奔晉 **신주** 《좌전》에 따르면, 고유姑獝에 머물렀다고 하는데, 그곳이 진나라 땅인지는 불분명하다.
	노魯	정공 6년 六
	제齊	경공 44년 四十四
	진晉	정공 8년 八
	진秦	애공 33년 三十三

초楚	소왕 12년. 오나라가 초나라 번 땅을 치자 초나라가 두려워하여 약都 땅으로 천도했다. 十二 吳伐我番 楚恐 徙郡 색은 도성 都이며, 발음은 '약若'이다. 都郡 音若
송宋	경공 13년 十三
위衛	영공 31년 三十一
진陳	회공 2년 二
채蔡	소후 15년 十五
조曹	정공 2년 二
정鄭	헌공 10년. 노나라가 정나라를 침입했다. 十 魯侵我 신주 《좌전》에는 이 해에 정나라가 초나라의 패전을 틈타 허許나라를 멸했다고 한다. 후한 말 조조가 헌제獻帝를 맞이하여 후한의 임시 수도로 삼은 곳으로, 허창許昌이다.
연燕	연나라 간공 원년 燕簡公元年
오吳	합려 11년. 초나라를 쳐서 번을 빼앗았다. 十一 伐楚 取番

서기전
503

주周	경왕 17년. 유자가 경왕을 맞이하고 진晉나라가 왕을 들였다. 十七 劉子迎王 晉入王
노魯	정공 7년. 제나라가 노나라를 쳤다. 七 齊伐我
제齊	경공 45년. 위나라를 침입했다. 노나라를 쳤다. 四十五 侵衛 伐魯

	진晉	정공 9년. 주나라 경왕을 들여보냈다. 九 入周敬王
	진秦	애공 34년 三十四
	초楚	소왕 13년 十三
	송宋	경공 14년 十四
	위衛	영공 32년. 제나라가 위나라를 침입했다. 三十二 齊侵我
	진陳	회공 3년 三
	채蔡	소후 16년 十六
	조曹	정공 3년 三
	정鄭	헌공 11년 十一
	연燕	간공 2년 二
	오吳	합려 12년 十二
서기전 **502**	주周	경왕 18년 十八
	노魯	정공 8년. 양호가 삼환씨를 치려고 하자 삼환씨가 양호를 공격했다. 양호는 양관으로 달아났다. 八 陽虎欲伐三桓 三桓攻陽虎 虎奔陽關
	제齊	경공 46년. 노나라가 제나라를 쳤다. 제나라가 노나라를 쳤다. 四十六 魯伐我 我伐魯

진晉	정공 10년. 위나라를 쳤다. 十 伐衛	
진秦	애공 35년 三十五	
초楚	소왕 14년. 자서가 백성을 위해 울자 백성도 울었고 채나라 소후 가 두려워했다. 十四 子西爲民泣 民亦泣 蔡昭侯恐	
송宋	경공 15년 十五	
위衞	영공 33년. 진晉나라와 노나라가 위나라에 침입해 정벌했다. 三十三 晉魯侵伐我	
진陳	회공 4년. 공이 오吳나라에 가자 오나라에서 억류하였고 오나라 에서 죽었다. 四 公如吳 吳留之 因死吳 **신주** 《사기지의》에 회공은 오나라에 가지 않았다고 하며 〈진기세가〉에서 다시 그것을 자세히 논했다. 《좌전》에는 7월에 회공이 죽은 것으로 나온다.	
채蔡	소후 17년 十七	
조曹	정공 4년. 정공이 죽었다. 四 靖公薨	
정鄭	헌공 12년 十二	
연燕	간공 3년 三	
오吳	합려 13년. 진회공이 오자 억류하였고 오나라에서 죽었다. 十三 陳懷公來 留之 死於吳	
서기전 **501**	주周	경왕 19년 十九

노魯	정공 9년. 양호를 치자 양호는 제나라로 달아났다. 九 伐陽虎 虎奔齊	
제齊	경공 47년. 양호를 가두려고 했는데, 양호는 진나라로 달아났다. 四十七 囚陽虎 虎奔晉	
진晉	정공 11년. 양호가 도망쳐 왔다. 十一 陽虎來奔	
진秦	애공 36년. 애공(필공)이 죽었다. 三十六 哀公薨	
초楚	소왕 15년 十五	
송宋	경공 16년. 양호가 도망쳐 왔다. 十六 陽虎來奔	
위衛	영공 34년 三十四	
진陳	진나라 민공 월 원년 陳湣公越元年	
채蔡	소후 18년 十八	
조曹	조백 양 원년 曹伯陽元年	
정鄭	헌공 13년. 헌공이 죽었다. 十三 獻公薨	
연燕	간공 4년 四	
오吳	합려 14년 十四	
서기전 **500** 주周	경왕 20년 二十	

노魯	정공 10년. 공이 제나라 군주와 협곡에서 회합했다. 공자가 도왔다. 제나라가 노나라 땅을 돌려주었다. 十 公會齊侯於夾谷 孔子相 齊歸我地 색은 사마표의 〈군국지〉에 따르면, 협곡은 축기현 서남에 있다. 司馬彪郡國志在祝其縣西南
제齊	경공 48년 四十八
진晉	정공 12년 十二
진秦	진나라 혜공 원년. 혜성이 나타났다. 秦惠公元年 彗星見
초楚	소왕 16년 十六
송宋	경공 17년 十七
위衛	영공 35년 三十五
진陳	민공 2년 二
채蔡	소후 19년 十九
조曹	조백 양 2년 二
정鄭	정나라 성공 승 원년. 정나라가 더욱 약해졌다. 鄭聲公勝元年 鄭益弱
연燕	간공 5년 五
오吳	합려 15년 十五

서기전 **499**	주周	경왕 21년 二十一
	노魯	정공 11년 十一
	제齊	경공 49년 四十九
	진晉	정공 13년 十三
	진秦	혜공 2년. 조공, 회공, 간공을 낳았다. 二 生躁公懷公簡公 색은 (躁의) 발음은 '조竈'이며, 진혜공의 아들이다. 音竈 秦惠之子 신주 〈진본기〉에 따르면, 조공과 회공은 증손자이고 간공은 현손자이다. 원문에서 '後孫'이 빠진 것으로 보인다.
	초楚	소왕 17년 十七
	송宋	경공 18년 十八
	위衞	영공 36년 三十六
	진陳	민공 3년 三
	채蔡	소후 20년 二十
	조曹	조백 양 3년. 나라 사람이 꿈을 꾸었는데, 여러 군자들이 사궁社 宮을 세워 조나라를 망하게 할 것을 모의하자 조숙진탁曹叔振鐸 이 공손강을 기다릴 것을 청함으로 이를 허락했다. 三 國人有夢眾君子立社宮 謀亡曹 振鐸請待公孫彊 許之
	정鄭	성공 2년 二

	연燕	간공 6년 六
	오吳	합려 16년 十六
서기전 **498**	주周	경왕 22년 二十二
	노魯	정공 12년. 제나라에서 여악을 보내오고 계환자가 받아들이자 공 자가 떠났다. 十二 齊來歸女樂 季桓子受之 孔子行 **신주** 공자가 노나라를 떠난 것은 다음해이다.
	제齊	경공 50년. 노나라에 여악을 보냈다. 五十 遺魯女樂
	진晉	정공 14년 十四
	진秦	혜공 3년 三
	초楚	소왕 18년 十八
	송宋	경공 19년 十九
	위衛	영공 37년. 조나라를 쳤다. 三十七 伐曹
	진陳	민공 4년 四
	채蔡	소후 21년 二十一
	조曹	조백 양 4년. 위나라가 조나라를 쳤다. 四 衛伐我

정鄭	성공 3년 三	
연燕	간공 7년 七	
오吳	합려 17년 十七	
서기전 **497** 갑진甲辰	주周	경왕 23년 二十三
	노魯	정공 13년 十三
	제齊	경공 51년 五十一
	진晉	정공 15년. 조앙이 범씨와 중항씨를 쳤다. 十五 趙鞅伐范中行 **신주** 〈진세가〉에 조간자 조앙을 먼저 공격한 것은 범씨와 중항씨라고 자세하게 나온다.
	진秦	혜공 4년 四
	초楚	소왕 19년 十九
	송宋	경공 20년 二十
	위衛	영공 38년. 공자가 오자 노나라와 같은 녹봉을 주었다. 三十八 孔子來 祿之如魯
	진陳	민공 5년 五
	채蔡	소후 22년 二十二

조曹	조백 양 5년 五	
정鄭	성공 4년 四	
연燕	간공 8년 八	
오吳	합려 18년 十八	
서기전 **496**	주周	경왕 24년 二十四
	노魯	정공 14년 十四
	제齊	경공 52년 五十二
	진晉	정공 16년 十六
	진秦	혜공 5년 五
	초楚	소왕 20년 二十
	송宋	경공 21년 二十一
	위衛	영공 39년. 태자 괴외가 탈출해 달아났다. 三十九 太子蒯聵出奔
	진陳	민공 6년. 공자가 왔다. 六 孔子來 **신주** 《사기지의》에 따르면, 〈공자세가〉에 공자가 진에 간 것은 민공 7년이라고 한다. 이때는 노나라 정공 14년으로 공자가 송나라에 들렀다가 위나라로 돌아간 해이다.

	채蔡	소후 23년 二十三
	조曹	조백 양 6년. 공손강이 활쏘기를 좋아하여 기러기를 바쳤다. 군주가 사성司城으로 삼아 일을 맡기자 꿈꾼 자의 아들이 떠나갔다. 六 公孫彊好射 獻鴈 君使爲司城 夢者子行
	정鄭	성공 5년. 자산이 죽었다. 五 子産卒 **신주** 《사기지의》에 따르면, 《좌전》에는 노나라 소공 20년에 죽어 정나라 정공定公 8년(서기전 522)에 해당하여 무려 26년 차이가 난다고 한다.
	연燕	간공 9년 九
	오吳	합려 19년. 월나라를 쳤는데 오나라가 패했으며 합려는 발가락에 부상을 입고 죽었다. 十九 伐越 敗我 傷闔閭指 以死
서기전 **495**	주周	경왕 25년 二十五
	노魯	정공 15년. 정공이 죽었다. 일식이 있었다. 十五 定公薨 日蝕
	제齊	경공 53년 五十三
	진晉	정공 17년 十七
	진秦	혜공 6년 六
	초楚	소왕 21년. 호나라를 멸했다. 오나라가 패전함으로써 초나라는 그들을 저버렸다. 二十一 滅胡 以吳敗 我倍之
	송宋	경공 22년. 정나라가 송나라를 쳤다. 二十二 鄭伐我

	위衛	영공 40년 四十
	진陳	민공 7년 七
	채蔡	소후 24년 二十四
	조曹	조백 양 7년 七
	정鄭	성공 6년. 송나라를 쳤다. 六 伐宋
	연燕	간공 10년 十
	오吳	오왕 부차 원년 吳王夫差元年
서기전 **494**	주周	경왕 26년 二十六
	노魯	노나라 애공 장 원년 魯哀公將元年
	제齊	경공 54년. 진晉나라를 쳤다. 五十四 伐晉
	진晉	정공 18년. 조앙이 범씨와 중항씨를 조가朝歌에서 포위했다. 제나라와 위나라가 진晉나라를 쳤다. 十八 趙鞅圍范中行朝歌 齊衛伐我
	진秦	혜공 7년 七
	초楚	소왕 22년. 제후들을 거느리고 채나라를 포위했다. 二十二 率諸侯圍蔡
	송宋	경공 23년 二十三

위衛	영공 41년. 진晉나라를 쳤다. 四十一 伐晉	
진陳	민공 8년. 오나라가 진나라를 쳤다. 八 吳伐我	
채蔡	소후 25년. 초나라가 쳐들어왔는데, 오나라와의 원한 때문이다. 二十五 楚伐我 以吳怨故	
조曹	조백 양 8년 八	
정鄭	성공 7년 七	
연燕	간공 11년 十一	
오吳	오왕 부차 2년. 월나라를 쳤다. 二 伐越	

서기전 **493**	주周	경왕 27년 二十七
	노魯	애공 2년 二
	제齊	경공 55년. 범씨와 중항씨에게 곡식을 보냈다. 五十五 輸范中行氏粟
	진晉	정공 19년. 조앙이 범씨와 중항씨를 포위하자 정나라가 와서 구원하려 했지만 진晉나라가 그들을 무찔렀다. 十九 趙鞅圍范中行 鄭來救 我敗之
	진秦	혜공 8년 八
	초楚	소왕 23년 二十三
	송宋	경공 24년 二十四

위衛	영공 42년. 영공이 죽었다. 괴외의 아들 첩이 즉위했다. 진晉나라는 태자 괴외를 척戚 땅에서 들였다. 四十二 靈公薨 蒯聵子輒立 晉納太子蒯聵于戚	
진陳	민공 9년 九	
채蔡	소후 26년. 초나라를 두려워하여 사사로이 오나라 사람을 불러 주래로 천도할 것을 요청하였다. 주래는 오나라에 가까웠다. 二十六 畏楚 私召吳人 乞遷于州來 州來近吳	
조曹	조백 양 9년 九	
정鄭	성공 8년. 범씨와 중항씨를 구원하고자 조앙과 철鐵에서 싸웠는데, 정나라 군사가 패했다. 八 救范中行氏 與趙鞅戰於鐵 敗我師	
연燕	간공 12년 十二	
오吳	오왕 부차 3년 三	
서기전 **492**	주周	경왕 28년 二十八
	노魯	애공 3년. 지진이 났다. 三 地震
	제齊	경공 56년 五十六
	진晉	정공 20년 二十
	진秦	혜공 9년 九
	초楚	소왕 24년 二十四

송宋	경공 25년. 공자가 송나라를 지나는데, 환퇴가 미워했다. 二十五 孔子過宋 桓魋惡之	
	신주 《사기지의》에 따르면, 이때 공자는 진陳나라에 있었는데(《공자세가》와 《좌전》 참조) 송경공 22년에 미복으로 송나라를 지나갔다고 한다. 또 송경공 22년(서기전 495)에 송나라에 갔다가 환퇴에게 미움을 받았다. 이전 해에 위나라로 가서 진晉나라에 가려했는데 황하를 건너지 않고 위나라로 돌아왔다. 이후 위나라에 머물다가 다시 진나라로 가서 머물고 있었다.	
위衛	위나라 출공 첩 원년 衛出公輒元年	
진陳	민공 10년 十	
채蔡	소후 27년 二十七	
조曹	조백 양 10년. 송나라가 조나라를 쳤다. 十 宋伐我	
정鄭	성공 9년 九	
연燕	연나라 헌공 원년 燕獻公元年	
	신주 《기년》에는 간공 다음에 헌공이 없는 대신 효공이 기록되어 있다. 《연세가》 및 연나라에 대한 기록들은 너무 소략해서 어느 것이 맞는지 판정하기가 쉽지 않다.	
오吳	오왕 부차 4년 四	
서기전 **491**	주周	경왕 29년 二十九
	노魯	애공 4년 四
	제齊	경공 57년. 전기田乞가 범씨를 구원했다. 五十七 乞救范氏

진晉	정공 21년. 조앙이 한단과 백인을 함락하고 차지했다. 二十一 趙鞅拔邯鄲栢人 有之	
진秦	혜공 10년. 혜공이 죽었다. 十 惠公薨	
	신주 《춘추》에는 노애공 3년에 죽었다고 하여 혜공 9년에 해당한다.	
초楚	소왕 25년 二十五	
송宋	경공 26년 二十六	
위衛	출공 2년 二	
진陳	민공 11년 十一	
채蔡	소후 28년. 대부들이 함께 소후를 죽였다. 二十八 大夫共誅昭侯	
조曹	조백 양 11년 十一	
정鄭	성공 10년 十	
연燕	헌공 2년 二	
오吳	오왕 부차 5년 五	
서기전 **490**	주周	경왕 30년 三十
	노魯	애공 5년 五
	제齊	경공 58년. 경공이 죽었다. 아끼는 여인의 아들을 태자로 삼았다. 五十八 景公薨 立嬖姬子爲太子

진晉	정공 22년. 조앙이 범씨와 중항씨를 무찌르자 중항씨는 제나라로 달아났다. 위나라를 쳤다. 二十二 趙鞅敗范中行 中行奔齊 伐衛	
진秦	진나라 도공 원년 秦悼公元年	
초楚	소왕 26년 二十六	
송宋	경공 27년 二十七	
위衛	출공 3년. 진이 위나라를 쳤는데, 범씨를 구원했기 때문이다. 三 晉伐我 救范氏故	
진陳	민공 12년 十二	
채蔡	채나라 성후 삭 원년 蔡成侯朔元年	
조曹	조백 양 12년 十二	
정鄭	성공 11년 十一	
연燕	헌공 3년 三	
오吳	오왕 부차 6년 六	

주周	경왕 31년 三十一	
노魯	애공 6년 六	
제齊	제나라 안유자 원년. 전기가 속여서 양생을 세우고 안유자를 죽였다. 齊晏孺子元年 田乞詐立陽生 殺孺子	

진晉	정공 23년 二十三	
진秦	도공 2년 二	
초楚	소왕 27년. 진陳나라를 구원하고, 소왕이 성보에서 죽었다. 二十七 救陳 王死城父	
송宋	경공 28년. 조나라를 쳤다. 二十八 伐曹	
위衛	출공 4년 四	
진陳	민공 13년. 오나라가 쳐들어왔는데, 초나라가 와서 구원했다. 十三 吳伐我 楚來救	
채蔡	성후 2년 二	
조曹	조백 양 13년. 송나라가 조나라를 쳤다. 十三 宋伐我	
정鄭	성공 12년 十二	
연燕	헌공 4년 四	
오吳	오왕 부차 7년. 진을 쳤다. 七 伐陳	
서기전 **488**	주周	경왕 32년 三十二
	노魯	애공 7년. 공이 오왕과 증繪에서 회합했다. 오나라가 100가지 희생을 요구하자 계강자가 자공을 시켜 그만두게 했다. 七 公會吳王于繪 吳徵百牢 季康子使子貢謝之
	제齊	제나라 도공 양생 원년 齊悼公陽生元年

진晉	정공 24년. 위나라를 침입했다. 二十四 侵衛
진秦	도공 3년 三
초楚	초나라 혜왕 장 원년 楚惠王章元年
송宋	경공 29년. 정나라를 침입하고 조나라를 포위했다. 二十九 侵鄭 圍曹
위衛	출공 5년. 진나라가 위나라를 침입했다. 五 晉侵我
진陳	민공 14년 十四
채蔡	성후 3년 三
조曹	조백 양 14년. 송나라가 조나라를 포위하자 정나라가 조나라를 구원했다. 十四 宋圍我 鄭救我
정鄭	성공 13년 十三
연燕	헌공 5년 五
오吳	오왕 부차 8년. 노나라가 오나라와 증에서 회맹했다. 八 魯會我繒

서기전 **487** 갑인甲寅	주周	경왕 33년 三十三
	노魯	애공 8년. 오나라가 주邾나라를 위해 노나라를 쳤는데 성 아래에 이르러서 맹약하고 떠났다. 제나라가 노나라 세 읍을 빼앗았다. 八 吳爲邾伐我 至城下 盟而去 齊取我三邑
	제齊	도공 2년. 노나라를 쳐서 세 읍을 빼앗았다. 二 伐魯 取三邑

진晉	정공 25년 二十五	
진秦	도공 4년 四	
초楚	혜왕 2년. 자서가 건의 아들 승勝을 오나라에서 불러 백공으로 삼 았다. 二 子西召建子勝於吳 爲白公	
송宋	경공 30년. 조나라가 배신하자 송나라가 그들을 멸했다. 三十 曹倍我 我滅之	
위衛	출공 6년 六	
진陳	민공 15년 十五	
채蔡	성후 4년 四	
조曹	조백 양 15년. 송나라가 조나라를 멸하고 조백 양陽을 사로잡았다. 十五 宋滅曹 虜伯陽	
정鄭	성공 14년 十四	
연燕	헌공 6년 六	
오吳	오왕 부차 9년. 노나라를 쳤다. 九 伐魯	
서기전 **486**	주周	경왕 34년 三十四
	노魯	애공 9년 九
	제齊	도공 3년 三

	진晉	정공 26년 二十六
	진秦	도공 5년 五
	초楚	혜왕 3년. 진陳나라를 쳤는데, 진나라가 오나라와 함께했기 때문이다. 三 伐陳 陳與吳故
	송宋	경공 31년. 정나라가 포위했지만, 옹구에서 무찔렀다. 三十一 鄭圍我 敗之于雍丘
	위衞	출공 7년 七
	진陳	민공 16년. 초나라를 배신하고 오나라와 화해했다. 十六 倍楚 與吳成
	채蔡	성후 5년 五
	조曹	
	정鄭	성공 15년. 송나라를 포위했으나 정나라 군사가 옹구에서 패하자 송나라가 정나라를 쳤다. 十五 圍宋 敗我師雍丘 伐我
	연燕	헌공 7년 七
	오吳	오왕 부차 10년 十
서기전 **485**	주周	경왕 35년 三十五
	노魯	애공 10년. 오나라와 더불어 제나라를 쳤다. 十 與吳伐齊
	제齊	도공 4년. 오나라와 노나라가 쳐들어왔다. 포자가 도공을 살해하자 제나라 사람들이 그의 아들 임壬을 세우니 간공이다.

		四 吳魯伐我 鮑子殺悼公 齊人立其子壬爲簡公 **신주** 《사기지의》에 따르면, 포자는 포목鮑牧으로 이미 2년 전에 도공에게 살해되었다. 〈오태백세가〉 색은 주석에는 포목이 아닌 다른 포씨일 것이라고 한다.
	진晉	정공 27년. 조앙을 시켜 제나라를 쳤다. 二十七 使趙鞅伐齊
	진秦	도공 6년 六
	초楚	혜왕 4년. 진나라를 쳤다. 四 伐陳
	송宋	경공 32년. 정나라를 쳤다. 三十二 伐鄭
	위衛	출공 8년. 공자가 진陳으로부터 왔다. 八 孔子自陳來 **신주** 공자는 애공 6년에 채나라와 초나라에서 위나라로 돌아왔으며, 진나라에 들르지 않았다. 〈공자세가〉에 자세하게 기록되어 있다.
	진陳	민공 17년 十七
	채蔡	성후 6년 六
	조曹	
	정鄭	성공 16년 十六
	연燕	헌공 8년 八
	오吳	오왕 부차 11년. 노나라와 더불어 제나라를 치고 진陳나라를 구원했다. 오원을 죽였다. 十一 與魯伐齊救陳 誅五員 **색은** 진을 구원했다. 앞글자의 발음은 '구救'이다.

		抹陳 上音救 **신주** 부차 12년이라는 설도 있다. 오원은 오자서이다.
서기전 **484**	주周	경왕 36년 三十六
	노魯	애공 11년. 제나라가 쳐들어왔다. 염유의 말에 따라 공자를 맞이 하기로 하자 공자가 돌아왔다. 十一 齊伐我 冄有言 故迎孔子 孔子歸
	제齊	제나라 간공 원년. 노나라가 오나라와 더불어 제나라를 무찔렀다. 齊簡公元年 魯與吳敗我 **신주** 이 싸움이 애릉艾陵 전투다. 오자서의 죽음과 바꾼 것으로 비록 승리 했지만 오나라가 몰락하는 계기가 된다.
	진晉	정공 28년 二十八
	진秦	도공 7년 七
	초楚	혜왕 5년 五
	송宋	경공 33년 三十三
	위衛	출공 9년. 공자가 노나라로 돌아갔다. 九 孔子歸魯
	진陳	민공 18년 十八
	채蔡	성후 7년 七
	조曹	
	정鄭	성공 17년 十七

연燕	헌공 9년 九	
오吳	오왕 부차 12년. 노나라와 더불어 제나라를 무찔렀다. 十二 與魯敗齊	

서기전 **483**	주周	경왕 37년 三十七
	노魯	애공 12년. 오나라와 탁고에서 회맹했다. 전부제田賦制를 시행했다. 十二 與吳會槖皋 用田賦 색은 (槖의) 발음은 '탁託'이다. 皋의 발음은 '고高'이다. 현 이름이며 수춘 壽春에 있다. 槖音託 皋音高 縣名 在壽春也 신주 전부田賦는 밭의 크기에 따라 세금을 부과하는 제도이다.
	제齊	간공 2년 二
	진晉	정공 29년 二十九
	진秦	도공 8년 八
	초楚	혜왕 6년. 백공 승이 자서에게 정나라를 칠 것을 자주 청했는데, 이는 아버지의 원한 때문이었다. 六 白公勝數請子西伐鄭 以父怨故 신주 승의 아버지 건建이 정나라로 망명했다가 그들에게 살해당했다.
	송宋	경공 34년 三十四
	위衛	출공 10년. 공이 진晉나라에 가서 오나라와 탁고에서 회맹했다. 十 公如晉 與吳會槖皋 신주 《사기지의》에 따르면, 진晉이 아니라 오吳라고 한다.
	진陳	민공 19년 十九

채蔡	성후 8년 八	
조曹		
정鄭	성공 18년. 송나라가 정나라를 쳤다. 十八 宋伐我	
연燕	헌공 10년 十	
오吳	오왕 부차 13년. 노나라와 탁고에서 회맹했다. 十三 與魯會橐皋	

서기전 **482**	주周	경왕 38년 三十八
	노魯	애공 13년. 오나라와 황지에서 회맹했다. 十三 與吳會黃池
	제齊	간공 3년 三
	진晉	정공 30년. 오나라와 황지에서 회맹했는데, 우두머리를 다투었다. 三十 與吳會黃池 爭長
	진秦	도공 9년 九
	초楚	혜왕 7년. 진나라를 쳤다. 七 伐陳
	송宋	경공 35년. 정나라가 송나라 군사를 무찔렀다. 三十五 鄭敗我師
	위衞	출공 11년 十一
	진陳	민공 20년 二十
	채蔡	성후 9년 九

조曹		
정鄭	성공 19년. 송나라 군사를 무찔렀다. 十九 敗宋師	
연燕	헌공 11년 十一	
오吳	오왕 부차 14년. 진나라와 황지에서 회맹했다. 十四 與晉會黃池	

서기전 **481**	주周	경왕 39년 三十九
	노魯	애공 14년. 서쪽에서 사냥하여 기린을 잡았다. 위나라 출공이 도망쳐 왔다. 十四 西狩獲麟 衛出公來奔
	제齊	간공 4년. 전상이 간공을 살해하고 그 아우 오驁를 세우니 평공이다. 전상이 재상이 되어 국가 권력을 전담했다. 四 田常殺簡公 立其弟驁爲平公 常相之 專國權 [색은] 驁의 발음은 '오[五高反]'이다. 평공이다. 五高反 平公也
	진晉	정공 31년 三十一
	진秦	도공 10년 十
	초楚	혜왕 8년 八
	송宋	경공 36년 三十六
	위衛	출공 12년. 부친 괴외가 들어오자 출공 첩이 도망쳤다. 十二 父蒯聵入 輒出亡 [신주] 노나라로 도망친 것은 애공 15년이라 한다. 즉, 이 사건은 출공 13년에 일어났고 공자는 제자 자로子路가 죽은 것에 상심하여 그다음 해에 세상을 떠났다. 〈위강숙세가〉에 자세히 기록되어 있다.

진陳	민공 21년 二十一	
채蔡	성후 10년 十	
조曹		
정鄭	성공 20년 二十	
연燕	헌공 12년 十二	
오吳	오왕 부차 15년 十五	
서기전 **480**	주周	경왕 40년 四十
	노魯	애공 15년. 자복경백(노나라 대부)이 제나라에 사절로 가고 자공이 보좌했으며 제나라가 노나라에서 침탈한 땅을 돌려주도록 했다. 十五 子服景伯使齊 子貢爲介 齊歸我侵地
	제齊	제나라 평공 오 원년. 경공의 손자다. 제나라는 이로부터 전씨의 나라로 일컬어졌다. 齊平公驁元年 景公孫也 齊自是稱田氏
	진晉	정공 32년 三十二
	진秦	도공 11년 十一
	초楚	혜왕 9년 九
	송宋	경공 37년. 형혹(화성)이 심성心星을 지키자 자위가 좋다고 했다. 三十七 熒惑守心 子韋曰善
	위衛	위나라 장공 괴외 원년 衛莊公蒯聵元年

		신주 장공 원년은 경왕 41년이라는 견해도 있다.
	진陳	민공 22년 二十二
	채蔡	성후 11년 十一
	조曹	
	정鄭	성공 21년 二十一
	연燕	헌공 13년 十三
	오吳	오왕 부차 16년 十六
서기전 **479**	주周	경왕 41년 四十一
	노魯	애공 16년. 공자가 세상을 떠났다. 十六 孔子卒
	제齊	평공 2년 二
	진晉	정공 33년 三十三
	진秦	도공 12년 十二
	초楚	혜왕 10년. 백공 승이 영윤 자서를 죽이고 혜왕을 공격했다. 섭공 이 백공을 공격하자 백공이 자살했다. 혜왕이 국가로 복귀했다. 十 白公勝殺令尹子西 攻惠王 葉公攻白公 白公自殺 惠王復國
	송宋	경공 38년 三十八
	위衛	장공 2년 二

진陳	민공 23년. 초나라가 진陳나라를 멸하고 민공을 살해했다. 二十三 楚滅陳 殺湣公 **신주** 진나라가 망한 것은 공자가 세상을 떠난 다음해이니 경왕 42년이라 는 견해도 있다.	
채蔡	성후 12년 十二	
조曹		
정鄭	성공 22년 二十二	
연燕	헌공 14년 十四	
오吳	오왕 부차 17년 十七	
서기전 **478**	주周	경왕 42년 四十二
	노魯	애공 17년 十七
	제齊	평공 3년 三
	진晉	정공 34년 三十四
	진秦	도공 13년 十三
	초楚	혜왕 11년 十一
	송宋	경공 39년 三十九

	위衞	장공 3년. 장공이 융주戎州 사람들을 욕보이자 융주 사람들이 조간자와 더불어 장공을 공격했다. 장공은 탈출해 달아났다. 三 莊公辱戎州人 戎州人與趙簡子攻莊公 出奔 **신주** 장공 원년이 잘못되었으니 장공 2년이어야 한다는 견해도 있다.
	진陳	
	채蔡	성후 13년 十三
	조曹	
	정鄭	성공 23년 二十三
	연燕	헌공 15년 十五
	오吳	오왕 부차 18년. 월나라가 오나라를 무찔렀다. 十八 越敗我
서기전 **477** 갑자甲子	주周	경왕 43년. 경왕이 붕어했다. 四十三 敬王崩 **집해** 서광이 말했다. "갑자년이다." 徐廣曰 歲在甲子 **신주** 《사기지의》에 따르면, 경왕의 죽음은 경왕 44년이다. 《좌전》에도 애공 19년에 주나라 경왕이 붕어했다고 나온다.
	노魯	애공 18년. 재위 27년에 죽었다. 十八 二十七卒
	제齊	평공 4년. 재위 25년에 죽었다. 四 二十五卒
	진晉	정공 35년. 재위 37년에 죽었다. 三十五 三十七卒
	진秦	도공 14년. 도공이 죽고 아들 여공공厲共公이 즉위했다. 十四 卒 子厲共公立 **신주** 혜공 10년이 도공 원년이 되면 도공 15년이다.

초楚	혜왕 12년. 재위 57년에 죽었다. 十二 五十七卒
송宋	경공 40년. 재위 64년에 죽었다. 四十 六十四卒 **신주** 《좌전》에는 48년에 죽었다고 나온다.
위衛	위군 기 원년. 석부가 기를 쫓아내자 첩輒이 다시 들어왔다. 衞君起元年 石傅逐起出 輒復入 **색은** 석부가 군주 기를 쫓아냈다. 傅의 발음은 '포圃'이다. 또한 '부勇'로도 쓰고 '부敷'로도 읽는다. 石傅逐君起 傅音圃 亦作勇 音敷
진陳	
채蔡	성후 14년. 재위 19년에 죽었다. 十四 十九卒
조曹	
정鄭	성공 24년. 재위 38년에 죽었다. 二十四 三十八卒 **신주** 〈육국연표〉에는 37년에 죽었다고 나온다.
연燕	헌공 16년. 재위 28년에 죽었다. 十六 二十八卒
오吳	오왕 부차 19년. 재위 23년에 죽었다. 十九 二十三卒 **색은** 23년에 멸망했다. 二十三年滅

색은술찬 사마정이 펼쳐서 밝히다.

태사공의 표 차례는 나름의 조리가 있다. 공화부터 시작해 공자에서 마쳤

다. 십이제후를 각각 편년編年으로 기록했다. 흥망이 이어지고 닥치며 성쇠
에는 좋고 나쁨이 있었다. 악에 대해서는 그 잘못을 감추지 않았고 선에 대
해서는 반드시 아름다움을 드날렸다. 공자는 애공이 기린을 잡았다는 소식
에 붓을 놓았는데, 사마천 뜻은 같이 부끄러워하는 것을 지녔구나!

太史表次 抑有條理 起自共和 終於孔子 十二諸侯 各編年紀 興亡繼及 盛衰臧否
惡不揜過 善必揚美 絕筆獲麟 義取同恥

신주 〈십이제후연표〉를 지으면서 공자의 죽음에 맞추어 끝냈다는 뜻이다.

[지도 2] 춘추시대 12제후 열국

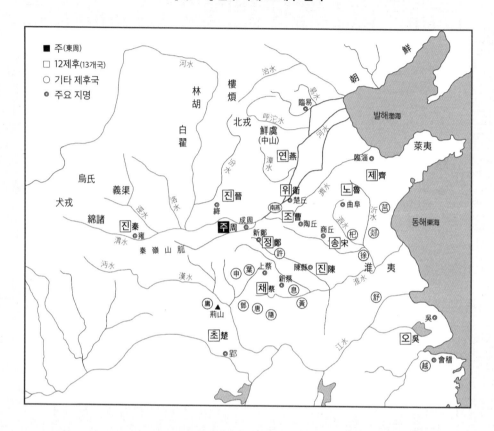

【참고문헌】
譚其驤, 中國歷史地圖集 第一冊, 1982, 中國社會科學院

《신주 사마천 사기》〈표〉를 만든 사람들

한가람역사문화연구소 사기연구실

이덕일(한가람역사문화연구소 소장, 문학박사)
김명옥(문학박사)
송기섭(문학박사)
이시율(고대사 및 역사고전 연구가)
정　암(지리학박사)
최원태(고대사 연구가)

한가람역사문화연구소는 1998년 창립된 이래 한국 사학계에 만연한 중화사대주의 사관과 일제식민 사관을 극복하고 한국의 주체적인 역사관을 세우려 노력하고 있는 학술연구소다.

독립운동가들의 역사관 계승 작업을 꾸준히 진행하는 한편《사기》본문 및 '삼가주석'에 한국 고대사의 진실을 말해주는 수많은 기술이 있음을 알고 연구에 몰두했다.

지난 10여 년간 '《사기》 원전 및 삼가주석 강독(강사 이덕일)'을 진행하는 한편 사기연구실 소속 학자들과《사기》에 담긴 한중고대사의 진실을 찾기 위한 연구 및 답사도 계속했다.《신주 사마천 사기》는 원전 강독을 기초로 여러 연구자들이 그간 토론하고 연구한 결과의 집대성이라고 할 수 있다.

한가람역사문화연구소는《신주 사마천 사기》출간을 시작으로 역사를 바로세우기 위해 토대가 되는 문헌사료의 번역 및 주석 추가 작업을 꾸준히 이어갈 계획이다.

한문 번역 교정

이주은 김재철 정세라 김은경

《사기》를 지은 사람들

본문_ 사마천

사마천은 자가 자장子長으로 하양(지금 섬서성 한성시) 출신이다. 한무제 때 태사공을 역임하다가 이릉 사건에 연루되어 궁형을 당했다. 기전체 사서이자 중국 25사의 첫머리인 《사기》를 집필해 역사서 저술의 신기원을 이룩했다. 후세 사람들이 태사공 또는 사천이라고 높여 불렀다. 《사기》는 한족의 시각으로 바라본 최초의 중국 민족사라고 할 수 있는데 여기서 사마천은 동이족의 역사를 삭제하거나 한족의 역사로 바꾸기도 했다.

삼가주석_ 배인·사마정·장수절

《집해》 편찬자 배인은 자가 용구龍駒이며 남북조시대 남조 송(420~479)의 하동 문희(현 산서성 문희현) 출신이다. 진수의 《삼국지》에 주석을 단 배송지의 아들로 《사기집해》 80권을 편찬했다.

《색은》 편찬자 사마정은 자가 자정子正으로 당나라 하내(지금 하남성 심양) 출신인데 굉문관 학사를 역임했다. 사마천이 삼황을 삭제한 것을 문제로 여겨서 〈삼황본기〉를 추가했으며 위소, 두예, 초주 등 여러 주석자의 주석을 폭넓게 모으고 자신의 견해를 덧붙여 《사기색은》 30권을 편찬했다.

《정의》 편찬자 장수절은 당나라의 저명한 학자로, 개원 24년(736) 《사기정의》 서문에 "30여 년 동안 학문을 섭렵했다"고 썼을 정도로 《사기》 연구에 몰두했다. 그가 편찬한 《사기정의》에는 특히 당나라 위왕 이태 등이 편찬한 《괄지지》를 폭넓게 인용한 것을 비롯해서 역사지리에 관한 내용이 풍부하다.